dtv
premium

Ausführliche Informationen über
unsere Autoren und Bücher
finden Sie auf unserer Webseite
www.dtv.de

ANJA GOERZ

Der Osten ist ein Gefühl

Über die Mauer im Kopf

Deutscher Taschenbuch Verlag

Auch als E-Book erhältlich

Originalausgabe 2014
3. Auflage 2014
Deutscher Taschenbuch Verlag GmbH & Co. KG,
München
© 2014 Anja Goerz
Das Werk ist urheberrechtlich geschützt.
Sämtliche, auch auszugsweise Verwertungen bleiben vorbehalten.
Umschlagkonzept: Balk & Brumshagen
Umschlagfoto: Bundesarchiv, N1648 Bild-KF 14774, Sammlung Beier
Satz: Greiner & Reichel, Köln
Gesetzt aus der Aldus und der FF Super Grotesk (VEB Typoart, Leipzig)
Druck und Bindung: Druckerei Kösel, Krugzell
Gedruckt auf säurefreiem, chlorfrei gebleichtem Papier
Printed in Germany · ISBN 978-3-423-26030-5

Inhalt

Einleitung

Fünfundzwanzig Jahre nach dem Fall der Mauer schien es mir Zeit für eine kleine Bestandsaufnahme. Ich arbeite im »Epi-Zentrum« zwischen den »Typisch Ossi«- und »Scheiß Wessi«-Welten als Moderatorin bei radioeins vom rbb – der einzigen ARD-Station, die aus der Zusammenlegung einer ost- und einer westdeutschen Senderkette entstand. Hier prallen auch heute noch Mentalitäten aufeinander. Die Diskussionen über Ost und West – sei es mit und unter den Hörern oder im Kollegenkreis – verlaufen heftig und leidenschaftlich und bleiben meist ohne Ergebnis. Deshalb wollte ich genauer wissen, was die ost-westlichen Befindlichkeiten und Denkweisen ausmacht, und habe ganz unterschiedliche Menschen aus der ehemaligen DDR zu ihrem Leben befragt. Manche von ihnen kannte ich bereits durch meine Arbeit beim Radio, von anderen habe ich durch meine Gesprächspartner erfahren, wieder andere habe ich gezielt gesucht, weil mich ein bestimmtes Thema interessiert hat. Während der Recherche habe ich mir selbst oft überlegt: Wie war das eigentlich im Westen, welche Vornamen waren populär, welche Frisuren hat man getragen? Deshalb habe ich versucht, Menschen im Westen zu finden, die einige Fragen »von der anderen Seite« beleuchten.

Dieses Buch ist keine historische Aufarbeitung des Lebens in der DDR, es sind keine Geschichten vom Abschied und keine Berichte über das Leben nach dem Mauerfall. Mein Ziel war nicht, die Gräben zwischen Ost und West zu vertiefen, ich wollte neugierig machen auf das Land, das es nicht mehr gibt, zum Fragen anregen und zum Nachdenken.

Ich jedenfalls habe viel zu lange nicht darüber nachgedacht, wie es denen geht, die heute in der BRD leben und arbeiten und dennoch den Osten im Kopf und im Herzen bewahren. Mein Anliegen war, Menschen, die in der DDR geboren und aufgewachsen sind, kennenzulernen und zu verstehen, warum sie manchmal sehnsüchtig an die Zeit hinter Mauern zurückdenken. Und ein kleines Stück auf diesem Weg bin ich jetzt gegangen.

Natürlich lässt sich der sehr persönliche Einblick in das Leben der Befragten nicht verallgemeinern. Eines aber zeigen alle Gespräche: dass die Mauer in den Köpfen auch von den nächsten Generationen noch abgetragen werden muss.

Anja Goerz,
im Dezember 2013

22 Jahre nach der staatlichen Einheit hat die Große Koalition einen Ostbeauftragten ernannt, um das Verfassungsversprechen nach gleichen Lebenschancen zu erreichen. Es wird auch Zeit! Ein Glück ist, dass Anja Goerz, eine westdeutsche Moderatorin, an der Nahtstelle des RBB kundige Menschen zusammengebracht hat, die erlebt und geschrieben haben, was an unterschiedlichem Denken und Empfinden noch immer geblieben ist. Das ist für Ost- wie Westdeutsche zum Teil aufregend, jedenfalls von gleichem Interesse. Dem Buch ist große Verbreitung zu wünschen.

Egon Bahr,
im Januar 2014

»Mein Vater hat mich zum
Willy-Brandt-Fan gemacht«
Sebastian Krumbiegel, Sänger

S oldaten sind vorbeimarschiert
In gleichem Schritt und Tritt.
Wir Pioniere kennen sie
Und laufen fröhlich mit.
Gute Freunde, gute Freunde,
Gute Freunde in der Volksarmee.
Sie schützen uns're Heimat
Zu Land, zur Luft und auf der See – juch-he.«[*]

Sebastian Krumbiegel muss nicht überlegen, bevor er das
Pionierlied seiner Kindheit anstimmt. »Das kannten alle
meiner Generation.«
Es ist noch nicht lange her, da hat der Musiker sich intensiv
mit seiner Kindheit und Jugend im Osten beschäftigt. Sein
Sohn wollte für ein Schulprojekt Informationen darüber, wie
in den DDR-Schulen politische Meinung vorgegeben wur-
de. Schon in den Kindergärten hingen Porträts von Walter
Ulbricht, in der Schule begannen die Lehrer den Tag mit dem
Pioniergruß »Seid bereit«, die Antwort der Schüler lautete
»Immer bereit«, ab der achten Klasse hieß es zur Begrüßung
»Freundschaft!«. Es gab Fahnenappelle auf dem Schulhof, politische Lieder wurden gesungen, und jeder Pionier hatte eine
Aufgabe, zum Beispiel Altstoffe sammeln. Sebastian Krumbiegel grinst, als er sich daran erinnert, dass in seinem Geo-
grafie-Atlas die BRD und Westberlin weiße Flecken waren.
»Natürlich wurde vermittelt, dass die BRD als Klassenfeind
ein kapitalistischer Unrechtsstaat war und die DDR ein frei-
heitlich-fortschrittlicher. Grotesk wurde es, wenn ein Gedicht
von Goethe oder Schiller so lange umgedeutet wurde, bis
etwa aus einem Vogel, der in die Lüfte steigt, eine kommunistische Grundhaltung des Dichters abgelesen werden konnte.«

Die Eltern standen dieser Art der Wertevermittlung sehr skeptisch gegenüber. Sein Vater machte sich große Sorgen, dass seine Kinder in der Schule womöglich »auf Linie« gebracht würden. Selbst nie Parteimitglied, versuchte er seinem Nachwuchs zu vermitteln, dass beides möglich ist: ein kritischer Blick auf das System und das Leben in der DDR. »Mein Vater war mit sich im Reinen, aber will man verurteilen, wenn andere anders gehandelt haben?« Sebastian Krumbiegel erzählt von einem Freund des Vaters, der auf der Buchmesse in Leipzig ein Buch gesehen hatte, das ihn als Wissenschaftler interessierte. Die Frau am Stand durfte es ihm nicht verkaufen, bot aber an, »mal kurz wegzusehen«. »Am Ausgang haben ihn dann zwei Typen festgehalten und meinten: ›Oh, Sie haben gestohlen und auch noch Westliteratur, das sieht aber nicht gut für Sie aus. Aber wir könnten Ihnen ein Angebot machen.‹ Was soll man denn tun, wenn es darum geht, seinen Job zu behalten?«

Politik war Thema in der Familie Krumbiegel, so lange Sebastian sich zurückerinnern kann. Man schaute die ›Tagesschau‹, den ›Weltspiegel‹, hörte ›Deutschlandfunk‹ und sprach über die BRD und das System, in dem man selbst lebte. »Mein Vater hat mich zum Willy-Brandt-Fan gemacht. Ich bin also auch ein wenig sozialdemokratisch sozialisiert. Mein Vater hat immer gesagt, die ARD tendiert zur SPD, ZDF eher zur CDU. Meine Mutter hat mir geraten: ›Sag immer deine Meinung, aber versuch vorher bis zehn zu zählen und dir zu überlegen, was du willst, damit du keinen Unsinn quatschst.‹ Für meine Eltern war das eine Gratwanderung, sie haben mir zwar empfohlen: ›Setz dich nicht in die Nesseln‹, aber auch: ›Bewahr dir eine Haltung.‹«

Man hört Sebastian Krumbiegel an, wie stolz er darauf ist, dass seine Eltern zu diesem System Distanz bewahrt haben. Er erzählt begeistert von den Eingaben, die sein Vater schrieb, als 1968 die Unikirche in Leipzig gesprengt wurde, in der seine Eltern geheiratet hatten. »Ulbricht sagte, ein sozialistischer Platz braucht keine Kirche. Mein Vater hat später seine Stasiakte eingesehen und festgestellt, dass er wegen dieser Eingaben als Wissenschaftler, als Forscher nicht weiterkam.«

Krumbiegel ist vorsichtig, wenn es darum geht, über Ost und West zu sprechen. Er will keine Gräben vertiefen, die möglicherweise noch bestehen, und betont immer wieder, dass es ihm als Mitglied des Leipziger Thomanerchors wesentlich besser ging als vielen anderen Menschen im Osten. »Unter einer Glasglocke, weitgehend von der Rotlichtbestrahlung verschont«, nennt er das Leben von damals heute. Die internationalen Gastspiele erweiterten seinen Horizont. »Als man uns in der Schule erzählt hat, dass in Tokio alle mit Mundschutz oder Atemmaske rumrennen müssen, weil die Luft so schlecht ist, haben wir gesagt: Das stimmt nicht – wir waren gerade dort und haben nichts dergleichen gesehen. Auch die vielen Reisen in die Bundesrepublik und nach Westberlin haben uns ein anderes Bild vom Westen gezeigt, als die Propaganda in der Schule uns vermitteln wollte.«

Der allgegenwärtige Sozialismus, Losungen, die in Betrieben hingen wie »Der Sozialismus siegt« und »Es lebe die Deutsche Demokratische Republik«, sorgten bei Sebastian und seinen Freunden nicht für Linientreue, sondern für Opposition aus Prinzip. »Wir haben uns darüber lustig gemacht. An der Leipziger Baumwollspinnerei stand mal: ›Jeder Spinner ein Genosse‹ – das hatten die wirklich ernst gemeint. ›Lenin ist in – aber ich Lenin ab‹ hab ich auf die Schulbank geschrieben. Durch die Reisen mit dem Chor hatte ich ja immer den Vergleich, schon Westberlin war eine andere Welt. In meinen Augen war der Osten nicht das bessere Deutschland, wir hatten nicht das bessere System, auf dem Papier war vielleicht alles sozialer, aber doch nur auf dem Papier.«

Auch wenn er Anordnungen kritisch hinterfragte, war auszureisen oder abzuhauen kein Thema für den Musiker. Immer wenn er heute in Berlin an der Philharmonie vorbeifährt, erinnert er sich an das letzte Chorkonzert, das er hier Weihnachten 1984 gegeben hat, im ehemaligen Westen der Stadt. In der zwölften Klasse war er damals, im Abschlussjahr. »Mit meinen Klassenkameraden stand ich am Hinterausgang und wir haben gesagt: Das nächste Mal kommen wir erst wieder in den Westen, wenn wir 65 sind, als Rentner. Wir hätten einfach in Westberlin bleiben können. Uns war klar: Wir könnten es tun. Aber wir haben es nicht gemacht. Vielleicht war der Leidensdruck nicht groß genug. Natürlich hatte man auch immer die Familie im Kopf, die Angst, dass unsere Geschwister nicht studieren können, dass die Eltern leiden müssen, wenn wir abhauen.«

Die Frage, warum er nicht geflohen ist aus der DDR, bringt ihn dennoch auf die Palme, aber er bemüht sich, an die Regel seiner Mutter zu denken und bis zehn zu zählen, bevor er seine Meinung dazu äußert. »Ich hatte nie Stress mit der Stasi. Ich weiß, dass viele Menschen Schreckliches erlebt haben. Wenn ich jetzt sagen würde, ich habe das Leben in der DDR als nicht so schlimm empfunden, dann würde ich genau diese Leute brüskieren, die so unendlich unter diesem System gelitten haben. Es gab eine Mauer, einen Schießbefehl, die Stasi und Spitzelei und Willkür. Es war ein Scheißsystem!«

Sebastian Krumbiegel lebt bis heute in seiner Lieblingsstadt Leipzig. »Was da in den vergangenen 25 Jahren passiert ist, ist der Hammer.« Leipzig ist für ihn auch deshalb etwas Besonderes, weil es immer eine Bürgerstadt war. Nicht von ungefähr, so meint er, haben die Proteste in der DDR hier ihren Anfang genommen. Die Montagsdemonstrationen haben ihn »politisch angeknipst«. Noch heute ärgert er sich, dass er ausgerechnet am 9. Oktober 1989 bei der größten Massendemonstration mit rund 70 000 Teilnehmern nicht dabei war. »Ich war einfach zu feige! Wir waren gewarnt worden, dass es gefährlich werden könnte, deshalb bin ich nicht hingegangen. Eine Weile habe ich das nicht erzählt, weil es mir so peinlich war. Aber dann habe ich gedacht, ich muss darüber sprechen, damit klar wird, dass diese Demos kein Spaß waren. Dass es wirklich brenzlige Situationen gab. Es hatte sich damals herumgesprochen, dass die Leipziger Krankenhäuser die Blutkonserven aufgefüllt hatten. Und dass überall Polizei und Armee und Kampftruppen bereitstanden. Ich hatte vorher schon erlebt, mit welcher Brutalität vorgegangen wurde. Die Demos waren keine Volksfeste. Ich hatte echt Angst. Unser Trommler Ali sagt aber heute noch: ›Ich war dabei, du nicht.‹«

Für seine Band ›Herzbuben‹ hat Sebastian Krumbiegel Texte geschrieben, die sich über die DDR lustig machten, das System in Frage stellten oder zum kritischen Blick auf das System anregen sollten. »Wir konnten Ende der Achtziger nicht singen: ›Honecker ist doof und die Mauer muss weg.‹ Aber wir konnten ein Lied über Gorbatschow schreiben: ›Guten Tag, lieber Michael, sag uns, was spielst du hier für ein neues Spiel, bring uns doch mal die Spielregeln bei, es hat wirklich Stil, dein Gesellschaftsspiel, wir sind ja nicht dumm, die Regeln sprechen sich rum, auch wir werden sie bald verstehen.‹ Das ist eine klare Ansage gewesen. Wir dachten, alles wird offener.«

Der Sozialismus ist an den Leuten gescheitert, sagt Sebastian Krumbiegel. Extremsituationen sorgen seiner Ansicht nach dafür, dass jeder aus der Not heraus das Beste für sich und seine Familie erreichen will, da bleibt der soziale Gedanke schnell auf der Strecke. Die Parteien heute unterscheiden sich seiner Meinung nach in dem Stellenwert, den sie dem Solidaritätsprinzip einräumen. »Der Idee, dass jeder seines eigenen Glückes Schmied ist, kann ich nichts abgewinnen.«

Mit der Wende für das Land kam auch die Wende für seine neue Band, die damals seit gut zwei Jahren bestand. Die »Prinzen« wurden als erste Ostband in den deutschen Charts gefeiert. Vier Jungs aus Sachsen, die im Kinderchor gesungen hatten und mit frechen Texten den A-capella-Gesang in die Popmusik brachten. Das wollten alle hören. »Wir hatten nicht den Makel einer etablierten Ostband, das hat uns geholfen. Außerdem haben wir eine ganz andere Art von Musik gemacht, da entscheiden die Leute, ob sie ihnen gefällt oder nicht. Medial hat uns die Ostschiene damals geholfen, die Leute haben gesagt: ›Guck mal, die Ossis, wenn sie sich Mühe geben, dann geht's doch.‹«

Er erinnert sich an die ersten Reisen mit den Prinzen zu Konzerten in den Westen und an die Begegnungen mit Fans, anderen Musikern und Veranstaltern. »Ob wir im Osten alle Russisch können, wollten die wissen, und ob durch Sachsen eine Autobahn führt. Wir haben uns darüber lustig gemacht und gesagt: Wir können verständlich Deutsch sprechen, mit Messer und Gabel essen, und auch in der DDR gab es fließend Wasser, Strom und Licht.«

Allein die Musik, das wilde Partyleben, Star zu sein, war ihm irgendwann nicht mehr genug. Sebastian Krumbiegel wollte mehr, wollte sich engagieren. Politik ist nach wie vor ein wichtiges Thema für den Musiker. Im Kleinen, bei Essen mit der Familie und mit Freunden, und im Großen, wenn er sich stark macht für Benachteiligte oder gegen rechte Gewalt. Was in Ägypten und der Türkei passiert, stimmt ihn sehr nachdenklich. »Die Gesellschaft bewegt sich in Sinuskurven, immer hoch und runter. Auch die Demokratie kann wieder kippen. Natürlich ist man in Deutschland durch viele Gesetze gut abgesichert, aber einen absoluten Schutz gibt es nie.«

Bescheiden ist er, wenn es um sein soziales Engagement geht. Das Bundesverdienstkreuz ist ihm verliehen worden und der Preis für Humanismus. »Andere machen das doch auch«, wehrt er ab. Lieber will er darüber sprechen, dass man bei Begegnungen mit Fremden oder Unbekannten einfach nur nach Gemeinsamkeiten suchen muss, um mehr Miteinander zu erreichen. »Habt im Blick, was uns verbindet, sucht nicht, was uns trennt. Ich bin ein großer Fan einer multikulturellen Gesellschaft. Wenn ich verreise, möchte ich auch mit offenen Armen empfangen werden.« Er wünscht sich das, was er von seinen Eltern gelernt hat, für die heutige Gesellschaft: Haltung. Und lacht über sich selbst, als er diesen Gedanken ausspricht. »Ach, jetzt rede ich schon wie ein Alter, von wegen ›wir damals‹, aber es ist ja wahr, wir haben früher Texte

Aus dem persönlichen Fotoalbum der Krumbiegels. Aufgenommen in Weißenfels beim Regimentsfotografen, der eigentlich für die Passbilder in den Wehrpässen zuständig war. »Damals habe ich unter das Foto geschrieben: DAS HABEN 1 1/2 JAHRE AUS MIR GEMACHT.«

Foto: privat

geschrieben wie ›Der Betriebsdirektor‹, das war zwar nicht mutig, aber unsere Art, sich mit der DDR auseinanderzusetzen. Man musste die Worte sehr sorgfältig wählen. Zwischen dem, was kritisch denkende Fans verstanden haben, und dem, was der Staat erlaubte, war nicht viel Spielraum. Heute kann man sagen, was man will, vielleicht kann man mit dem Thema ›Juden und deutsche Geschichte‹ noch jemanden verstören, aber sonst? Ich mag die neue deutsche Musik, Kraftklub zum Beispiel. Ich weiß, wo die stehen und wie die das meinen, aber manchmal denke ich, man kann noch so wichtige Dinge rausposaunen und es hört doch keiner mehr hin.«

* © Friedrich Hofmeister Musikverlag, Leipzig

»Wenn die DDR das Paradies der Werktätigen gewesen wäre, dann wären die Unzufriedenen doch alle hergekommen«

Regine Sylvester, Autorin

Hansi Schmidt vom VfL Gummersbach war von 1967 bis 1971 Torschützenkönig in der Handball-Bundesliga. Das weiß ich. Ich bin super informiert über den Westen! Man kann mit mir ein Quiz veranstalten über Schlager, Bücher, Politik, Politikernamen, aber umgekehrt? Was wissen denn die Wessis vom Osten? Unglaublich ist das!«

Regine Sylvester sitzt in einer grob gestrickten weißen Jacke, weißem Rock und weißem Top am Tisch, die blonden Locken wie vom Wind zerzaust, die Haut leicht gebräunt, als würde sie viel im Garten arbeiten. Die schmucklosen Finger sind mal ineinandergelegt, mal verstärken sie das Gesagte mit heftigen Bewegungen.

»Das Interesse des Ostens am Westen war immer größer als umgekehrt. Und wieso sollte das auch anders sein. Wieso hat sich denn der Arbeitslose aus dem Ruhrpott nicht im Osten niedergelassen, sondern lieber vor die S-Bahn geschmissen? Wenn die DDR das Paradies der Werktätigen gewesen wäre, dann wären die doch alle hergekommen, die Unzufriedenen! Aber so war es nicht. Sondern andersherum.«

Regine Sylvester ist 1946 in Ostberlin geboren. Sie war 15, als die Mauer gebaut wurde, und 44, als sie wieder fiel. »Meine Eltern lehnten die DDR ab, sie sind nur deshalb nicht in den Westen gegangen, weil sie im Haus meines Großvaters wohnten und mein Vater dessen Brunnenbau-Firma aus dem Jahr 1864 geerbt hatte. Sie fühlten sich diesem Erbe verpflichtet. Die meisten meiner Verwandten lebten im Westen. Ich war immer ein Außenseiter: nicht in der Partei, keine Jugendweihe, kein junger Pionier. Beim Studium war mein Grundgefühl: Ich gehöre nicht dazu. Für die letzten zwei Jahre des Studiums bin ich dann doch noch in die FDJ eingetreten, um weniger am Rand zu stehen. Fast alle Kommilitonen waren Parteimitglieder und haben bei ihren Versammlungen auch Studienbelange besprochen. Ich hatte sehr gute Leistungen, da konnten sie mir nichts anhaben, aber meine soziale Herkunft haben mir die Systemtreuen wie einen Makel vorgeworfen.«

Dienstreiseanträge der Journalistin in den Westen blieben lange erfolglos. Sie durfte auch nicht 1986 zur Berlinale reisen, obwohl beim Forum des jungen Films der Dokumentarfilm ›Die Zeit die bleibt‹ über Konrad Wolf gezeigt wurde, an dem sie als Autorin mitgearbeitet hatte.

1987 kam es in der DDR zu Reiseerleichterungen. Regine Sylvester fuhr nach München zum 60. Geburtstag eines Cousins und nach Westberlin für Recherchen zu einem Buch über Dokumentarfilme.

Zwei Jahre später fiel die Mauer. »Ich bin an der Invalidenstraße rüber, da, wo Diepgen und Momper standen und verblüfft winkten. Mir fiel gleich eine Freundin in den Arm, die in den Westen geheiratet hatte. Wir Ostler riefen: ›Wir gehen zurück! Wir kommen nur mal gucken! Nur mal gucken!‹ Ja, wirklich. Am Savignyplatz bin ich im ›Zwiebelfisch‹ gelandet und habe mir einen ›Stern‹ mitgenommen. Den habe ich auf meinen Nachttisch gelegt, um morgens beim Aufwachen einen Beweis dafür zu haben, dass ich das nicht geträumt hatte mit dem Mauerfall. Es war eine völlig unwirkliche, ganz unerwartete Nacht. Mir war klar, jetzt passiert etwas, das man nicht zurückdrehen kann. Nichts wird mehr, wie es war, es wird die DDR nicht mehr geben.«

Sie erinnert sich an die Freude über den Mauerfall, aber auch an für sie nicht nachvollziehbare Entwicklungen danach. »Die DDR-Produkte verschwanden aus den Kaufhallen. Nahezu alles, was in der DDR hergestellt worden war, Autos, Bekleidung, Design, verlor seinen Wert. Bücher auf Müllhalden. Zeit der Entsorgung. Auf dem Gelände des Fernsehstudios in Adlershof sah ich, wie ein weißer Flügel in den Schredder geschoben wurde. Bald nach der Wende existierte in der langen Oranienburger Straße kein einziges Geschäft aus Ostzeiten mehr. Und überall Unsicherheit. Die Briefe mit Klarsichtfenster, die mir ins Haus flatterten, habe ich nicht verstanden – freiwillige Pflichtversicherung, was sollte das denn bedeuten? Freiwillig? Oder Pflicht? Mein Mann war weg, der Job war weg, das Ersparte war durch den Umtausch halbiert und das Kind erst zwölf. Nachts lag ich im Bett, es ratterte in meinem Kopf, was wird werden? Die DEFA, bei der ich zu dem Zeitpunkt als Autorin angestellt war, wurde aufgelöst. Du musst wieder Geld verdienen. Aber wo und wie und für wie viel? Als Nutte an der Oranienburger Straße war ich zu alt, für zwei fuffzich wäre es vielleicht noch gegangen.«

Wenn Regine Sylvester lacht, dann von Herzen. Ohne ihren Humor hätte sie die neue Situation nicht so leicht bewältigt, die Schwierigkeiten, die sich vor ihr auftürmten, weniger leichtgenommen. Nach der Wende arbeitete sie drei Jahre als Stellvertretende Chefredakteurin bei der ›Wochenpost‹, einer im Osten sehr beliebten Wochenzeitung. Für sie wird es die spannendste Zeit – alte Ostler, neue Ostler, ganz neue Westler unter der Leitung von Matthias Greffrath sind eine Redaktion. »Ich gehörte zu den Neuen aus dem Osten und hatte viel nachzuholen. Was zum Teufel war das Godesberger Programm? Wir arbeiteten alle für eine Zeitung, aber manchmal waren wir uns auch sehr fremd. Ich denke heute, dass wir aus dem Vorteil, Verschiedenes zu wissen, noch mehr Kapital hätten schlagen können.«

Regine Sylvester hat nie so ausgesehen, wie sich Westler »den Ossi« vorstellen. »Schon früher nicht, da hatte ich immer Ehrgeiz. ›An- und Verkauf‹ hieß meine Quelle am Hackeschen Markt, es gab da Restposten vom Intershop und Exquisit. Als gelernte Schneiderin habe ich außerdem selber viel genäht. Wenn man gut angezogen ist, dann macht das etwas aus. Man wird besser behandelt.«

Die Journalistin hat es genossen, nach der Wende schreiben zu können, wie und worüber sie wollte. Ohne kalkulieren zu müssen, was nicht durch die Zensur geht. »Früher habe ich in meine Texte immer eine kleine Frechheit reingeschrieben und eine große Frechheit daneben. Und dann haben sie die große Frechheit rausgestrichen und die kleine drinnen gelassen. Ein permanentes Jonglieren. Aber ich kann jeden Text, den ich zu DDR-Zeiten geschrieben habe, noch heute mit gutem Gewissen lesen. Immerhin.«

Es ärgert sie, wenn sie als Ostautorin bezeichnet oder aus Gründen der Ausgewogenheit in eine Talksendung eingeladen wird. Sie wünscht sich Gleichbehandlung. »Lange Zeit habe ich aufgepasst, ob die Ostler angemessen vertreten sind. Als mal in einem vierseitigen, mit Fotos illustrierten Magazinartikel über ein allgemeines Thema niemand aus dem Osten abgebildet war, empfand ich das als ungerecht. Dieses Gefühl war am Anfang ganz stark. Sind wir dabei, werden wir wahrgenommen? Bei Feiern frage ich die Gastgeber: ›Ist eigentlich noch jemand aus dem Osten da?‹ Die drehen sich suchend um, zucken mit den Achseln, keine Ahnung, kein Thema. Mein eigener Freundeskreis ist gemischt. Zu meinem sechzigsten Geburtstag kamen, ohne dass ich es geplant hätte, 30 aus dem Osten und 30 aus dem Westen. Nur weil jemand aus dem Osten stammt, habe ich ihn nicht lieber. Da gibt es genauso viele Arschlöcher. Man muss offen sein und seine Vorurteile immer wieder überprüfen. Manchmal sage ich auch ›typisch West‹, wenn ich mich über jemanden ärgere. Aber eigentlich hat meine Wut nichts mit der Herkunft dieses Menschen zu tun, sondern mit dessen schlechtem Benehmen.«

Immer noch sagt sie »drüben« und »ihr«, wenn sie von Westdeutschen spricht. Immer noch verbringt sie freie Tage am liebsten an der Ostsee, immer noch wohnt sie in dem Teil von Berlin, in dem sie aufgewachsen ist. »Jeder fünfte Westler, so habe ich gelesen, war noch nie im Osten. Neulich habe ich in Hamburg einen Taxifahrer gefragt, ob er nicht mal das Brandenburger Tor sehen will. Nö, hat der gesagt, was soll ich denn da? Der Osten gilt vielen als uninteressant und erledigt. Und immer noch fühle ich mich dann verpflichtet, für mein untergegangenes Land zu werben.

Als hauptberufliche »Aufschnapperin« hat sich die Journalistin einmal bezeichnet. Sie belauscht Leute, schreibt auf, was sie hört, sie spricht mit vielen und fragt sie aus. Egal ob Ost oder West, sie will verstehen, warum Leute so leben, wie sie leben. Ihr Cousin aus dem Westen glaubt ihr bis heute nicht, dass sie ebenfalls Solidaritätszuschlag zahlt. »Eigentlich ist der nett, aber eben schon alt, manche Sachen versteht er nicht mehr. ›Ich bezahle auch für dich, Regine‹, sagt er.«

Es wäre beflügelnd und herausfordernd gewesen, nun auch für Leser aus dem Westen zu schreiben, sagt sie. »Nur bei Gedanken zur Lage der Frauen gab es erstaunlich aggressive Reaktionen. Ich bediene keine feministischen Ansichten, ich möchte eine Menschenfreundin sein. Aber klar, jeder macht sich seine Gedanken. Ich zum Beispiel reagiere auf einen bestimmten Typ Westfrau: erfolgreich, gut gekleidet, distanziert, taxierend. Sie schweigt und lächelt manchmal, aber Tränen lachen? Sehr selten. Vielleicht weil man nicht so offen sein sollte. Nach dem Motto: Gib nicht so viel von dir zu erkennen. Halte dir Optionen offen.«

Nach dem Mauerfall begann Regine Sylvester, sich die Welt anzusehen. »Dass sie mich so kleingehalten haben, was das Reisen anging, halte ich dem Osten ewig vor. Dass sie mir Bücher, Filme, Landschaften vorenthalten und über meinen Horizont bestimmt haben. In der DDR habe ich gesagt: Lasst doch alle gehen, die raus wollen, und dann machen wir hier unser Ding. Aber seit 1961 hatte ich mehrmals im Jahr einen Traum, immer denselben: Durch Zufall fand ich eine Lücke in der Wand. Ich fuhr mit der U-Bahn nach Berlin-Wedding zu Tante Lisa. Bekam eine Apfelsine, wurde unruhig, wollte zurück nach Hause. Ich stieg über die Mauer, war zurück im Osten und weinte und weinte. Aus der Traum. Doch manchmal stellte ich mich selber in Gedanken vor die Wahl: Bleiben oder Gehen.«

Regine Sylvester ist nicht gegangen, sie hat sich um ihre Tochter gekümmert, gearbeitet und versucht, sich zu engagieren, um das Leben in der DDR zu verbessern. »Wahrscheinlich hänge ich an der DDR, weil ich an meiner Jugend hänge, am Leben. Tanzen gehen, knutschen, Erfahrungen mit

Jungs, Ausflüge, mit Freunden feiern, das hat ja alles in diesem Land stattgefunden. Und ich darf doch nicht für alle Krisen Erich Honecker verantwortlich machen. Für mein Privates bin ich allein verantwortlich.«

Tatsächlich ist der Osten heute für Regine Sylvester vor allem ein Gefühl. »So eine Mischung aus prima und schrecklich, aber sehr eigen. Sehr, sehr eigen. Schlecht war das Gefühl der Ohnmacht, auch der Rechtlosigkeit. Ich hatte den Eindruck, nicht genehm zu sein, fühlte mich nicht akzeptiert. Einige Kollegen aus dem Osten verstehen das nicht, aber die durften zu Festivals reisen, sie waren nicht so eingesperrt. Die Mauer symbolisiert für mich bis heute eine verlorene Zeit.«

Auf der anderen Seite ist sie der Meinung, dass die DDR für Frauen »das beste von allen Ländern« war. »Kostenlose Pille, man durfte Schwangerschaften unterbrechen, konnte die Kinder problemlos unterbringen, mit 60 in Rente gehen, fünf Jahre vor den Männern. Wir hatten einen Haushaltstag im Monat, einen freien Tag für die Haushaltsarbeit. Natürlich sind wir da alle auch zum Friseur gegangen. Wann geht eigentlich die berufstätige Westfrau zum Friseur? Das Selbstbewusstsein der Frauen in der DDR war stark, weil sie eigenes Geld verdienten. Meine Scheidung zum Beispiel hat 140 Ostmark gekostet, also eigentlich 70, aber ich habe für meinen Mann, damals ein armer Schlucker, mitbezahlt. Meine Rede war: Auch als Frau von Rockefeller würde ich arbeiten gehen. Im großen DDR-Freundeskreis waren nur zwei Hausfrauen. Die wollten das so. Bei denen gab es immer

Regine Sylvester an ihrem Lieblingsplatz in Berlin Mitte. Hier trifft sie sich mit Leuten, hier kauft sie ein, geht ins Kino oder ins Café und sammelt neue Ideen für ihre Kolumnen. Seit 1992 heißt der Platz zwischen Alexanderplatz und Friedrichstraße wieder »Hackescher Markt«, aufgrund der Nähe zur Berliner Börse hieß die Haltestelle Ende des 19. Jahrhunderts »Börse«, ab 1951 »Marx-Engels-Platz«. Heute befinden sich rund um den Hackeschen Markt viele kleine Geschäfte, Designer und Künstler haben sich hier niedergelassen. Tag und Nacht herrscht Trubel, Touristen und Berliner genießen die besondere Atmosphäre.

Foto: Anna Laura Sylvester

selbstgebackene Kuchen, ich genoss die. Und ich war für sie wie ein Wesen vom anderen Stern, das immer Neuigkeiten berichten konnte und sehr unterhaltsam war.«

Dass die Frauen in der DDR ein gesichertes Leben hatten, kann die Erinnerung an die schlechten Seiten des politischen Systems aber nicht verdrängen. »Wie anmaßend waren diejenigen, die über unsere Kultur bestimmt haben. Die Zuständigen, die Druckgenehmigungen für Bücher nicht erteilten, Theaterpremieren missbilligend verließen und öffentlich Künstler zurechtwiesen. Die verheerenden Folgen der Zensur waren denen egal. Und die vollkommene Unfähigkeit der DDR-Mächtigen, Kritik zuzulassen! Zu begreifen, dass jemand, der etwas Kritisches äußert, kein Feind sein muss. Vielleicht ist er es. Aber vielleicht will er ja nur, dass sich irgendetwas bessert. Ich könnte immer noch kotzen vor Wut. Wie viele gute Köpfe haben das Land verlassen! Andererseits bin ich heute, im Westen, irgendwie heimatlos.« Regine Sylvester schaut konzentriert an die Wand, als würde sich dort ablesen lassen, wie ihr Leben weitergehen wird. Wie sich die langen Jahre hinter der Mauer weiter auswirken werden.

»Je weniger die Menschen im Westen ihre Chance hatten, umso mehr hängen sie am Osten. Unter meinen Freunden ist Wolfgang Kohlhaase der Einzige, der ohne Verluste, Kompromisse und Verzug im Westen weitergearbeitet hat. Mit über 80 Jahren ist er immer noch ein wunderbarer, mit Anfragen überhäufter Filmautor. Ein Glücksmann. Übrigens halte ich es für einen Gewinn, auch für mich, in zwei Systemen Erfahrungen gemacht zu haben.« Trotz dieser inneren Zerrissenheit wirkt Regine Sylvester zufrieden. Eine Frau, die mit sich im Reinen ist und viel darüber nachdenkt, was Familie, Freunde und Arbeit heute für sie bedeuten.

»Zu Hause habe ich Material aufbewahrt, darüber, was in der DDR falsch gelaufen ist: bestellte Kritiken, Aufstellung von Sturmgeschützen gegen Gedanken, Herrscherreden, bizarre Sprachschöpfungen wie ›antifaschistischer Schutzwall‹, allein deshalb hätte man die DDR verlassen können. Jetzt sammele ich im Westen die Dummheiten über die DDR: lächerliche Behauptungen über das verschwundene Land, eine nachteilige Beurteilung sämtlicher Lebensumstände. Und die Flachzangen plappern immer wieder alles nach. Vielleicht wird mal ein Buch daraus. Solange ich noch krauchen kann, möchte ich mich an einer gerechteren Sicht beteiligen. Es geht ja auch um mein Leben.«

»Mir war klar, ich würde hier mein ganzes Leben verbringen«

Niels Sönnichsen, ehemaliger Direktor der Charité Berlin

Eine Privatpraxis am Berliner Kurfürstendamm. Sicherheitssystem an der Eingangstür, Treppenhaus mit Marmor und Glas, edel und gepflegt. Anwälte, Versicherungen und die private Praxis für Dermatologie, in der Niels Sönnichsen mit zwei weiteren Kollegen arbeitet. Was man nicht sieht: Diese Praxis teilen sich Ärzte und Assistentinnen aus Ost und West.

Der aus dem Osten, Niels Sönnichsen, scheint auf den ersten Blick nicht in dieses Ambiente, zwischen glänzende Schränke mit Hautpflegeprodukten und Mitteln zur Faltenunterspritzung, zu passen. Trotz der weiß gewordenen Haare wirkt der über 80-jährige Hautarzt mindestens fünfzehn Jahre jünger, als er mit festem Händedruck einen »Guten Tag« wünscht und in sein Behandlungszimmer bittet. Schwarze Hose, dunkelblaues Sakko mit Goldknöpfen, weißes Hemd ohne Krawatte, eine modern gerahmte Brille: Niels Sönnichsen sieht eher so aus, als würde er regelmäßig in einem Segelclub an der Alster sitzen und sich mit Schiffegucken und dem Lesen von Gedichten die Zeit vertreiben, statt in einer dermatologischen Praxis für seine Patienten da zu sein. »Ich arbeite ja nur noch aus Freude und nur drei Tage die Woche. Manchmal denke ich am Sonntagabend: Was würdest du bloß machen, wenn du morgen nicht in die Praxis gehen könntest?«

Der Pfarrerssohn war einst der jüngste Chefarzt Deutschlands und lange Zeit Chef der Charité in Berlin-Mitte. Insgesamt 34 Jahre verbrachte er an der berühmten Klinik im Osten Berlins, fünf als Student, sechs als Assistent und 23 als Direktor der Hautklinik. »Ich habe 1955 Staatsexamen gemacht, dann zwei Jahre in Mecklenburg gearbeitet, im Schweriner Krankenhaus, war auch eine Weile mal Landarzt, aber immer entschlossen, eine akademische Laufbahn einzuschlagen. 1960 habe ich in der Dermatologie angefangen und die Tippeltappeltour gemacht, Facharzt und Habilitation, das ging alles sehr rasant. Dann bin ich als Chef der Haut-klinik nach Jena berufen worden.« Lange überlegen muss er nicht, wenn es um die Daten und Zahlen seiner Karriere geht. Niels Sönnichsen hat zehn Bücher geschrieben bzw. da-ran mitgeschrieben, mehr als 700 wissenschaftliche Arbeiten veröffentlicht.

Die Jahre an der Charité haben ihn geprägt: »Wenn man in den Vereinigten Staaten gefragt wurde, wo man herkommt, und gesagt hat: ›Charité‹ – das kannte jeder! Selbst zu DDR-Zeiten. Die Glanzzeit liegt zwar etwas zurück, aber sagen wir mal so: Die Charité hat den Nationalsozialismus und den rea-len Sozialismus überstanden, und wir hoffen, dass sie zu noch größerer Blüte erwächst, wenn die Politiker das mit ihren Sparmaßnahmen nicht verhindern.« Ein klein wenig Weh-mut klingt mit, wenn Sönnichsen an »sein Krankenhaus« zu-rückdenkt. »Ich bin natürlich stolz, dass ich an dieser führen-den medizinischen Einrichtung Deutschlands immerhin fast 25 Jahre Ordinarius gewesen bin und fast vier Jahre davon Chef der gesamten Charité. Ich war der Letzte, der die Cha-rité nebenamtlich geleitet hat. An der Charité waren zu mei-ner Zeit schon 10 000 Menschen – Patienten, Personal und Studenten. Eine kleine Stadt! Man kann sich vorstellen, dass eine nebenamtliche Gesamtleitung auf Dauer nicht gut ge-hen kann. Für mich war das die schlimmste Zeit meines Le-bens. Ich hatte wissenschaftlichen Ehrgeiz, habe aber auch realisiert, dass man mit so einer Leitungstätigkeit schon ge-nug zu tun hat.«

Für Niels Sönnichsen war die Charité seine medizinische Heimat. Hier bekam er auch den Spitznamen »Professor Aids« als Leiter der Klinik und Poliklinik für Haut- und Ge-schlechtskrankheiten. Von der DDR-Staatsführung wurde Aids totgeschwiegen, als sogenannte »Schwulenpest« passte diese Krankheit nicht ins System. Niels Sönnichsen wusste, dass es schwierig sein würde, Gelder für Aufklärungskam-pagnen und Forschung zu bekommen, versuchte es aber

dennoch und legte seine Argumente dem Gesundheits-
minister vor. Es wurde ein Interview zum Thema Aids mit
ihm geführt, an die Öffentlichkeit gebracht, dadurch wurde Aids in der DDR überhaupt erst zum Thema. Sönnichsen wurde schließlich Vorsitzender der Aids-Kommission der
DDR. Er reiste zu Kongressen, traf sich – da er zum Reisekader gehörte – mit Fachärzten in aller Welt. Allerdings
wählte das Gesundheitsministerium die Kongresse und Ta-
gungen aus, zu denen man reisen durfte, legte die Zahl der
Teilnehmer fest, ebenso die Reiseroute. »Das Problem waren
die fehlenden Devisen. Man bekam einen Satz für die Über-
nachtungen und einen für das Essen. Wenn man ein Taxi bezahlen musste, ging das also vom Essensgeld ab.« Sönnichsen
erinnert sich an abenteuerlich lange Reisen, weil das Ministerium auf Flügen mit der staatseigenen Linie Interflug oder
aus den Bruderstaaten bestand. Um nach Paris zu kommen,
musste er über Polen reisen, ein anderes Mal landete er mitten in der Nacht in Kalifornien und erreichte nur dank der
Freundlichkeit einer Amerikanerin, die ihn im Auto mit-
nahm, den Campus. »Man konnte ja nicht einfach mit der
Kreditkarte Geld abheben oder ein Taxi bezahlen, tausend
Ängste habe ich da ausgestanden.« Bevor es ins Nichtsozialistische Wirtschaftsgebiet, NSW, ging, wurde man außerdem auf die Gefahren im Kapitalismus hingewiesen: Alkohol
und Frauen.
Die größte Schwierigkeit bei der Bekämpfung von Aids in
der DDR waren die begrenzten Mittel. Es gab weder Geld
für Mitarbeiter noch für Beratungsräume. Nicht einmal genug Papier für den Druck einer Aids-Broschüre war vorhanden. Den Homosexuellen in der DDR boten die Diskussionen
um Aids die Chance, auf sich und ihre Probleme, auf Diskriminierung aufmerksam zu machen. Der Strafrechtsparagraf
175 Homosexualität, der sexuelle Kontakte zwischen Männern verbot, galt in der BRD bis zum Juni 1994. In der DDR
wurde der entsprechende Paragraf bereits 1988 gestrichen,
das Problem des Umgangs mit Schwulen in der Gesellschaft
war damit aber nicht gelöst.

Immer wieder betont der Mediziner, dass er kein Freiheits-
kämpfer war, dass er sich nicht gegen das System aufgelehnt
hat, sondern versucht hat, sich in seinem Leben in der DDR
einzurichten. »Besucher aus dem Westen haben immer gesagt, wir seien die Einzigen, die nicht schimpfen. Das heißt
nicht, dass wir die DDR toll fanden, gar nicht. Pragmatisch
waren wir. Wenn man morgens aufsteht und sagt: Wie fürch-
terlich ist das Land, dann kann man auch gleich liegen bleiben. So kann man ja nicht leben.« Zwei Mal hat Sönnichsen den Nationalpreis der DDR bekommen, auf den er heute
noch stolz ist. »Das war ja keine politische Auszeichnung,
sondern eine Anerkennung meiner wissenschaftlichen Arbeit.« Er streitet nicht ab, dass für ihn als Parteimitglied
manche Karriereleiter einfacher zu erklimmen war. »Ich bekenne mich zu dem, was war. Mir war klar, ich bleibe in der
DDR, also musste ich mich einrichten, mir ein Umfeld schaffen, in dem ich Karriere machen konnte, da gehörte die Partei
dazu. Nennen Sie das meinetwegen opportunistisch.« Er sei
schließlich kein Funktionär gewesen, sondern Mediziner und
Forscher. Und in den Jahren vor der Wende seien ausschließlich Parteimitglieder befördert worden.
Nachgedacht hat er dennoch. In den Gründungsjahren der
DDR musste er einen Schulaufsatz schreiben zum Thema
»Wie war es möglich, dass die Deutschen Hitler gewählt haben?«. Diesen Aufsatz bezeichnet Sönnichsen als den Beginn
seines politischen Denkens. Lange und lebhaft habe er mit
Mitschülern über dieses Thema diskutiert, ohne Ergebnis.
Später vermutete er, dass der Lehrer dazu anregen wollte,
in einer Zeit des Umbruchs über die Fehler der Vergangenheit nachzudenken. »Ich habe mir nach der Wende eine ähnliche Frage gestellt: Wie war es möglich, dass sich die DDR
aus ihren positiven Ansätzen zu einem Zwangsstaat entwickelt hat? Bis heute habe ich keine befriedigende Antwort
gefunden.«
Die weltweite Anerkennung in der Medizin hat sich die Charité verdient, findet Niels Sönnichsen: »Bei allen Einschränkungen und aller sozialistischen Ausrichtung war das Bil-

dungssystem im Osten einfach hochwertiger. Viele Ärzte, die ich ausgebildet habe, sind in die BRD gegangen, auch schon vor der Wende. Die haben sich erstklassig durchgesetzt.« Sönnichsen richtet sich in seinem Stuhl auf und verdeutlicht seine Worte mit raumgreifenden Gesten. »Der Geist in der Klinik ist heute ein anderer. Heute geht es nur noch ums Geldverdienen. Bei uns war das nicht so. Die Ärzte haben ihr Gehalt bekommen, es war nicht viel, kam aber regelmäßig. Deswegen konnten sie sich auf die Medizin konzentrieren. So eine Klinik ist ja ein Verein mit vielen Abteilungen, und wenn Sie jemanden richtig ausbilden, dann muss er die alle durchlaufen. Mal in der Poliklinik arbeiten, mal in der Chirurgie oder Strahlentherapie. Das haben wir konsequent umgesetzt. Heute kommt jemand rein, kriegt eine Stelle, die gerade vakant ist, und da muss er seine Studien durchführen. Da fehlt die Systematik.« Dennoch ist er nicht der Meinung, dass im Osten alles besser war. »Heutzutage würde ich meine Arbeit und meine Karriereplanung auch anders angehen. Jeder ist ein Kind seiner Zeit. Man hat ja die Aufgabe, das Leben unter den Bedingungen zu gestalten, unter denen man lebt. Deswegen habe ich mir gesagt, ich muss es so gut wie möglich machen. Ich konnte ja nicht die Grenze aufreißen. Da waren Pflöcke, und innerhalb dieser Pflöcke haben wir versucht das Optimale zu erreichen.«

Die Partei mischte sich in den Klinikbetrieb ein, gerade auch zu Beginn seiner Zeit an der Charité, in den 1970er Jahren. Für ihn als Klinikdirektor galt es ständig abzuwägen: zum einen die Interessen der Klinik zu vertreten, zum anderen linientreu zu bleiben. Wer kein Parteimitglied war, so Sönnichsen, wurde in seinem Urteil bei aller fachlichen Qualifikation weniger ernst genommen. Ausreiseanträge der Klinikmitarbeiter wurden dem Chef persönlich als mangelnde Leitungsfähigkeit ausgelegt. »Wenn Freunde einen Ausreiseantrag gestellt hatten, dann musste man schon fest im Sattel sitzen und sich nichts zuschulden kommen lassen, damit man in Ruhe gelassen wurde. Parteizugehörigkeit half dabei.«

Er klingt verletzt, als er sich an die Zeit nach der Wende erinnert, an Tage, in denen das gesamte Personal der Charité ausgetauscht wurde. »Es gab jetzt ein Gesetz, wonach die leitenden Positionen neu ausgeschrieben wurden, da konnte man sich auf die eigene Stelle bewerben. Auf die Stelle, die man schon seit Jahren innehatte!« Es scheint ihm noch 20 Jahre später unglaublich, was ihm und seinen Kollegen damals widerfuhr. Chefposten und Positionen in den höchsten Verwaltungsebenen wurden nach der Wende neu besetzt mit – seiner Ansicht nach – nicht immer hochqualifizierten Kollegen aus dem Westen, die aus gutem Grund in der BRD in den mittleren und unteren Ebenen gearbeitet hatten.

»Eine Kommission hat damals eine Auswahl getroffen, und wer in die engere Wahl kam, musste eine Probevorlesung halten. Sie müssen sich das mal vorstellen: Ich war seit 25 Jahren Hochschullehrer, mit allen Wassern gewaschen, und nun sollte ich eine Probevorlesung halten!« Nach allem, was er als Arzt in der DDR erlebt hatte, dem ewigen Warten auf die Genehmigung von Forschungsanträgen, den unzureichenden Geldern, die zur Verfügung gestellt wurden, abenteuerlichen Reisen zu Kongressen im Westen, konnte ihn aber auch dieses Prozedere nicht schrecken. Die Fakultät bestätigte ihn schließlich in seinem Amt, der Senat hingegen wollte ihn nicht. »Ich habe dann gekündigt. Damals war ich 63 und habe mir gesagt, den Nobelpreis werde ich nicht mehr kriegen, mit 65 muss ich an der Universität sowieso Schluss machen, und ich werde mich doch in den zwei Jahren nicht mehr groß aufregen.« Aber er ärgert sich noch heute über den Umgang des Westens mit dem Elitekrankenhaus. »In der Bevölkerung genoss dieses Krankenhaus ein großes Ansehen. Wenn es keine Hoffnung mehr gab für einen Kranken, hieß es, versuch es in der Charité.« Etwa ein Drittel der Patienten kam von außerhalb, von der Ostsee bis zum Erzgebirge. »Auf solche Einrichtungen zu schimpfen, wie die Politiker das nach der Wende taten, ist ziemlich dämlich, weil man sich damit die Bevölkerung zum Feind macht. Das war schon interessant, anfangs konnten Sie keinen Westberliner in die

Charité schicken, weil die Meinung vorherrschte: Die kann gar nicht gut sein. Heute will jeder in die Charité.«
Sönnichsen versteht bis heute nicht, wieso Ärzte und Politiker aus dem Westen das positive Image des Krankenhauses nicht genutzt haben, sondern stattdessen Diskussionen darüber geführt wurden, ob der beleuchtete Schriftzug auf dem Dach als Schleichwerbung einzustufen sei. »Und dann gab es immer wieder den Vorwurf, die Charité sei ein Stasinest. Von der Kirche waren ja auch manche bei der Stasi, deshalb stellt man doch nicht gleich die Kirche als Institution in Frage.« Der Vorwurf der »Systemnähe« wurde, so sieht das Sönnichsen, als Vorwand genommen, um unliebsame Mitarbeiter zu entlassen. Das macht ihn noch heute wütend. »Ich habe natürlich nicht Hosianna geschrien, als das alles passiert ist. Aber am Ende zählt für mich die Gemeinschaft und nicht das individuelle Erleben.« Sönnichsen verschränkt die Hände vor dem Bauch und lächelt. »Ich sehe das so: 1930 geboren, war ich bei Kriegsende 14. Ich habe mich als Deutscher gesehen. Ich wollte immer das gesamte Deutschland zurück, das ich vor dem Krieg erlebt hatte, Ost und West hat mich nie interessiert. Und dann sind wir in die DDR hineingewachsen, Stück für Stück. Das war, ähnlich wie in der Nazizeit, eine schleichende Entwicklung. Und so lief es auch in der DDR unter der Oberherrschaft der Sowjets. Plötzlich sind Sie eingekreist und können nicht mehr anders. Dann muss man mitmachen, wenn man nicht in Gefahr geraten will. Man lebte in der DDR und konnte nicht mehr raus.« Sönnichsen legt Wert auf die Feststellung, dass er zwar an die Einheit geglaubt hat, sich allerdings sicher war, sie nicht mehr zu erleben. »So geht das auf Dauer nicht«, dachte er, sagte sich aber zugleich: »Das hier wird mein Leben. Meine ganze Verwandtschaft lebte im Westen. Für mich war die Bundesrepublik die Fortsetzung Deutschlands, so wie ich es kennengelernt hatte. Dem habe ich mich verbunden gefühlt. Ich wollte immer die Einheit. Und wenn man die Einheit will, dann hat das Konsequenzen.« Für ihn zum Beispiel den Verlust seines Chefpostens in der Charité. Zu seinem Bedauern wurde die

Verwaltung der Charité, des besten Krankenhauses der DDR, der »damals offensichtlich provinziell geprägten politischen Führung Westberlins« übergeben.

Seiner Meinung nach sind Ost und West nicht vereinigt worden, sondern die DDR ist der BRD beigetreten wie ein neues Bundesland. »Wenn eine Revolution stattfindet, und das war ja eine, dann geht es immer um die Sicherung der Macht in dem neuen Gebiet, und da wird als Erstes die Intelligenz vernichtet. Das ist historisch so, das muss man einkalkulieren. Ich habe nicht Hurra geschrien, als ich die Charité verlassen musste, das war schon traurig, nachdem ich so viele Jahre die Klinik mit aufgebaut hatte.«

Sönnichsen kann verstehen, dass es Kollegen gibt, die nicht

»Diese Bilder stammen aus dem Herbst 1967. Daran erinnere ich mich immer zuerst, wenn ich an ›meinen Osten‹ denke.« Ein Jahr zuvor war der damals 36-jährige Arzt von der Charité nach Jena berufen worden, zunächst kommissarisch. »Die Fakultät hat gesagt, der kann das nicht, der ist zu jung. Die Studenten hatte ich von Anfang an auf meiner Seite.« Nach einem Jahr hatte auch die Universitätsleitung in Jena ein Einsehen und ernannte Sönnichsen zum Professor. Seine Studenten überraschten ihn daraufhin mit einem Fackelzug durch die Stadt, bis zu seiner Wohnung. »Das geschah alles zu einer Zeit, in der noch Ulbricht das Sagen hatte, es lag Stalinismus in der Luft.«

Im Westen waren damals Studentenproteste an der Tagesordnung. Der Westberliner Polizist Karl-Heinz Kurras, der mindestens bis 1967 auch Inoffizieller Mitarbeiter der Stasi war, erschoss den Studenten Benno Ohnesorg. Dessen Sarg wurde auf der Transitstrecke durch die DDR nach Niedersachsen gebracht, Hunderte Autos begleiteten ihn. Die DDR nutzte die Überführung propagandistisch mit grüßenden Abordnungen aus Betrieben und der FDJ am Straßenrand.

1967 war Walter Ulbricht Generalsekretär des Zentralkomitees der SED, sechs Jahre zuvor hatte er den Bau der Mauer veranlasst. Noch heute ist für Niels Sönnichsen der Fackelzug seiner Studenten eines der bewegendsten und schönsten Erlebnisse. »Unvergesslich ist das. Das war in der DDR eigentlich unvorstellbar, dass sich Studenten zusammentun und spontan so etwas wie eine Demonstration organisieren, noch dazu alle in Zivil. Es gehörte viel Mut dazu, so offen zu sein.«

Fotos: privat

Wir begrüssen unseren frischgebackenen Professor

so glücklich sind über die Entwicklung nach der Wende. »Natürlich. Wenn jemand, eigentlich unberechtigt, aus dem Beruf ausscheiden muss und keine Alternative hat, dann ist das nicht in Ordnung.«

Die Unterscheidung zwischen Ost und West hält er für »Blödsinn«. »Meine Mutter ist Hamburgerin, mein Vater Schleswig-Holsteiner. Sie werden doch auch einen Holsteiner nicht mit einem Bayern vergleichen. Das geht doch nicht!« Niels Sönnichsen ist ehrlich entrüstet. »Für mich kommt erst Mecklenburg, dann kommt Deutschland, dann kommt lange nichts und dann vielleicht Europa. Was das Zusammenwachsen anbelangt, habe ich eine völlig falsche Prognose gestellt. Ich habe gesagt: In Berlin klappt die Einheit am besten. Aber hier funktioniert es am schlechtesten!« Dem Westen generell Überheblichkeit bei der Neubesetzung von Stellen vorzuwerfen, hält er bei aller Kritik für überzogen. »Im Osten hieß es, dass die Besserwisser kommen, aber darunter waren natürlich auch Leute, die etwas aufbauen mussten, was es im Osten nicht gab. Wir haben jetzt beispielsweise ein völlig anderes Versicherungssystem. Etwas nüchterner betrachtet, war manches notwendig, anderes war unberechtigt, aber jedes Pauschalurteil ist falsch.«

Diese Einstellung ist nicht zuletzt seinem Leben nach der Wende geschuldet, den Erfahrungen, die er in diesen Jahren gemacht hat, den Menschen, denen er begegnet ist. »Ich habe mir gesagt: Ich muss versuchen, noch mal etwas Neues anzufangen, und dann bin ich auf Borkum gelandet. Die Klinik war am Ende, als ich da ankam, und als ich nach fünf Jahren wieder ging, hatte ich die Bettenzahl verdoppelt und der Laden lief. Was war ich denn? Entwicklungshelfer in Westdeutschland. Da muss ich doch nicht in die Knie gehen. Als ich hingefahren bin, dachte ich: Wie wird das werden? In den tiefen Westen kommt jetzt ein Chef aus dem Osten. Ich war ja so was wie der oberste Kriegsherr. Aber es gab nicht ein einziges Mal ein Problem deswegen. Die standen vollständig hinter mir, weil sie gemerkt haben, da ist jemand, der etwas von der Sache versteht. Wenn Sie einen akuten Blinddarm haben, muss der raus, egal, wer operiert. Derjenige muss es nur können.«

Er hat sich viele Gedanken gemacht über die Entwicklung des Ostens in den vergangenen Jahren. »Warum sind die Leute aus dem Osten so unzufrieden? Das ist ein ernstes Problem. Das bewegt mich und macht mich traurig. Ich glaube, die Mehrzahl der Ostdeutschen hat vom Westen völlig falsche Vorstellungen gehabt. Die haben gedacht, man kriegt alles umsonst. Da kam nun das große Erwachen. Im Osten gab es, zwar auf niedrigem Niveau, finanzielle Sicherheit. Eigentlich konnte einem gar nichts passieren und man musste sich um nichts kümmern. Es lief ja. Das ist unbewusst in den Menschen drin und das vermissen sie heute.« Sooft es geht, fährt der gebürtige Mecklenburger in seine Heimat zurück. Freut sich darüber, dass ein Hamburger das alte Pfarrhaus gekauft hat, in dem er aufgewachsen ist, es saniert und den Garten auf Vordermann bringt. »Es stimmt, was Kohl gesagt hat, das sind heute blühende Landschaften. Wir reden jetzt nicht von der Arbeitslosigkeit. Aber wer hier gelebt hat, weiß, wie furchtbar das war. Kurz vor der Wende bin ich mit dem Auto nach Magdeburg gefahren, um dort einen Vortrag zu halten, und von da nach Leipzig. Durch die ganzen kleinen Städte, die man nicht sieht, wenn man immer nur die Autobahn nimmt. Ich war erschüttert. Wenn man das mit heute vergleicht, kann man sagen, dass sich die Gegend phänomenal entwickelt hat. Die Straßen sind bestens und die Häuser und Innenstädte sehen auch ganz anders aus.«

Die Rattenrede

Am 27. Februar 1997 hielt Klaus-Rüdiger Landowsky, der Vorsitzende der CDU-Fraktion im Berliner Abgeordnetenhaus, seine sogenannte »Rattenrede«, in der er sich gegen die Verslumung und Verwahrlosung der Stadt sowie gegen Sprayer aussprach. Außerdem erklärte er sein Unverständnis darüber, dass ehemalige DDR-Politiker jetzt im Berliner Landtag saßen. Ost und West trafen in dieser Sitzung heftig aufeinander. Landowsky wurde Populismus vorgeworfen, er selbst sprach von notwendigen Emotionen in der Politik. Die kochten hoch nach dieser Rede im Berliner Parlament.

Auszüge aus dem Plenarprotokoll 13 / 24 des Abgeordnetenhauses von Berlin, 13. Wahlperiode, 24. Sitzung.
Berlin, Donnerstag, 27. Februar 1997

Präsident Dr. Haase: Für die CDU-Fraktion hat nunmehr der Kollege Landowsky das Wort.
Landowsky (CDU): Herr Präsident! Meine sehr geehrten Damen und Herren! Ich habe mir heute etwas Besonderes gegönnt, ich habe mir einmal den Redebeitrag der PDS von Anfang bis Ende angehört.
[Hoff (PDS): Hört, hört! – Weitere Zurufe von der PDS]
Dazu gehört schon ein masochistisches Grundbewusstsein. *[Beifall bei der CDU]*
Es war der Aufmarsch der Heuchler. *[Beifall bei der CDU]*
Gefreut haben wird sich Herr Wolf nur darüber, dass einer von den alten DDR-Mullahs im Rang sitzt, nämlich der ehemalige kommunistische Oberbürgermeister Krack. Er soll auch die Chance haben, an solch einer Diskussion teilzunehmen.
[Frau Künast (GRÜNE): Das ist weit unter Ihrem Niveau! – *Weitere Zurufe*]
(…)

Sieben Jahre nach dem Fall der Mauer scheinen wir an einem Punkt angelangt zu sein,

[Zuruf von der PDS: An dem es nicht mehr weitergeht!]

auf den der in einem anderen Zusammenhang geschriebene Buchtitel von Wolfgang Leonhard zutrifft: »Die Revolution entlässt ihre Kinder!« Es geht um die Frage: Wie gehen wir im wiedervereinigten Deutschland und wiedervereinigten Berlin um mit denen, die seinerzeit das moralische und wertorientierte Rückgrat der Bürgerbewegung in der DDR und damit Auslöser der Wende waren, und wer gibt ihnen heute eine politische Heimat?

[Gelächter bei der PDS und den GRÜNEN – Zurufe]

Ich weiß, dass Ihnen das unangenehm ist, und deshalb werde ich Ihnen das sagen: Dieser Klärungsprozess ist jetzt in einer entscheidenden Phase. Nichts hat die Grundsatzdiskussion in den letzten Wochen so beeinflusst wie zwei Erklärungen, wobei es sich zum einen um die Erfurter Erklärung und zum anderen um die Berliner Erklärung handelt.

[Cramer (GRÜNE): Und die Blockflöten!]

Das Ziel der »Erfurter Erklärung« der politischen Linken ist, die Grünen und Sozialdemokraten aufzurufen, mit Hilfe der PDS die Gesellschaft zu verändern und beispielsweise als Erstes den Bundeskanzler zu stürzen, der zusammen mit Genscher und Willy Brandt die Einheit gemacht hat, nämlich Helmut Kohl.

[Beifall der Frau Abg. Schermer (SPD)]

(…)

Unterzeichnet wurden die Erklärungen von all denjenigen, die nicht verwinden können, dass der Sozialismus eine geschichtliche Auseinandersetzung verloren hat. Das ist ein Stück späte Rache für die Wiedervereinigung unseres Landes.

[Beifall bei der CDU – Heiterkeit bei der PDS] (…)

Wir müssen wissen, wenn wir Wirtschaft und Politik planen: Das sind die beiden großen Alternativen, auf die es in den nächsten fünf Jahren ankommt. Ist es auf der einen Seite eine bürgerliche Gesellschaft mit einer sozialen Marktwirtschaft oder auf der anderen Seite ein sozialistischer Staat mit Hilfe der PDS?

[*Heiterkeit bei der PDS*]

Auch wenn der Bürgerrechtler Konrad Weiß noch Bündnis 90-Mitglied ist, so schreibt er doch beiden ins Stammbuch – wörtlich –:

Die Gier nach der Machtbeteiligung dürfe die politische Anständigkeit nicht gänzlich verlassen, denn die PDS sei die Fortsetzung der Verbrecherpartei SED.

(…)

Es gibt keinen Zweifel, dass das Jahr 1996 ein außerordentlich schwieriges Jahr für uns gewesen ist, das schwierigste Jahr seit der Einheit. Ich weiß auch nicht, ob das Jahr 1997 besser wird.

(…)

Ich reagiere aber auf eines allergisch, nämlich, wenn sich heute – frei nach Rotkäppchen – der »rote Wolf« hier hinstellt und fragt: Berlin, warum hast du so viele Schulden? – Das ist eigentlich das Unverschämteste, was mir je über den Weg gelaufen ist.

[*Beifall bei der CDU*]

Wir sollten einmal ein halbes Jahr auf die Kunstausstellungen in den Fluren verzichten und die Fotos aus dem Jahre 1989 aus dem Ostteil der Stadt ausstellen, damit alle Menschen – auch Sie, denn Sie verdrängen das – sehen, was Sie Berlin in der Übergabe des Ostteils für einen Schrott überlassen haben.

[*Beifall bei der CDU – Vereinzelter Beifall bei der SPD*]

(…)

Ich verstehe den Frust vieler, der Westdeutschen und der Berliner,

[Frau Martins (GRÜNE): Mir kommen die Tränen!]

die für die Einheit eine ganze Menge Entbehrungen auf sich genommen haben. Ich muss Ihnen ehrlich sagen: Die Fundamentalopportunisten mit dieser Schmarotzerformel, die gehen mir gegen den Strich: grün wohnen, schwarz leben und rot wählen! Das ist keine gemeinschaftsdienliche Haltung.

40

Ich bin aber trotzdem froh, und ich möchte nie tauschen: Ich bin trotzdem froh, dass wir die Einheit in dieser Stadt und in unserem Land trotz dieser Egoismen erreicht haben.

[*Beifall bei der CDU*]

(…)

Was die Kriminalitätsbekämpfung anbelangt, da will ich Ihnen eines sagen: Gerade wenn ich das in Magdeburg und Hellersdorf sehe, müssten wir eigentlich mehr Polizeibeamte in der Stadt haben, denn wir haben zu viel Kriminalität und nicht zu wenig.

[*Beifall bei der CDU*]

(…)

Herr Innensenator: Sie müssen mit allem Engagement gegen rechten kriminellen Abschaum vorgehen, genauso wie gegen linkes Lumpenproletariat.

(…)

Ich bin auch dankbar, dass der Senat jetzt intensiv gegen die Verslumung Berlins vorgeht, gegen Sprayer, gegen Müll und Verwahrlosung auch der städtischen Brunnen. Es ist nun einmal so, dass dort, wo Müll ist, Ratten sind. Und dass dort, wo Verwahrlosung herrscht, Gesindel ist.

Das muss in der Stadt beseitigt werden!

[*Beifall bei der CDU – Zurufe von der PDS – Zuruf der Abgn. Frau Demba (GRÜNE) und Dr. Köppl (GRÜNE)*]

(…)

Für uns als Union erfüllt sich im Jahr 1999 ein Traum, den wir bis 1989, also 10 Jahre vorher, bis er »wegkoalitioniert« worden ist, immer in den Abgeordnetenhaussitzungen gehabt haben, dass ganz Deutschland mit seiner Hauptstadt Berlin in Frieden und Freiheit wiedervereinigt wird. Das erfüllt uns ungemein.

(…)

Wir wollen keine Stadt, die den Mangel verteilt, sondern die den Wohlstand erwirtschaftet; eine Stadt, die das Miteinander vor das Trennende stellt. Für uns gibt es jedenfalls kein Zurück mehr in die Zeit vor 1989. Wir haben das Ziel, diese Stadt nach vorne zu bringen, und ich möchte eigentlich, dass

Sie alle mitziehen. Helfen Sie mit, dass Berlin die friedliche Metropole im 21. Jahrhundert wird!
[*Anhaltender Beifall bei der CDU*]

Das gesamte Protokoll ist nachzulesen unter http://pardok. parlament-berlin.de/starweb/adis/citat/VT/13/PlenarPr/ p13024.pdf

»Linksrum fahren war schon etwas Besonderes«
Andreas Greulich, Kapitän der MS Deutschland

Andreas Greulich hat einen Traumberuf. Er ist Kapitän. Auf einem Traumschiff. Auf *dem* Traumschiff. Seit 2005 reist er auf der MS Deutschland um die Welt. Ein kleines Kreuzfahrtschiff mit 500 Betten, teuer und luxuriös.

Zwei Monate auf See, zwei Monate zu Hause, das ist sein Lebensrhythmus.

Im thüringischen Langenhain, südöstlich von Gotha, hatte der gebürtige Ostberliner fast 30 Jahre lang einen kleinen alten Bauernhof. Das ist für ihn »sein Osten«, auch wenn er inzwischen in Schleswig-Holstein wohnt, in der Nähe von Kiel, nahe am Nord-Ostsee-Kanal. Wirklich zu Hause ist er aber auf dem Meer. Das Fernweh hat ihn zur See gebracht.

Über den Grundwehrdienst hinaus verpflichtete er sich bei der NVA, eineinhalb Jahre war er bei der Luftwaffe in Peenemünde und machte dort auch sein Abitur. Er studierte Ingenieur für Schiffsführung und hoffte auf große Reisen in die Welt. Tatsächlich erlaubte die DDR einigen Seeleuten Fahrten in den Westen, wer zum Reisekader gehörte, dem stand auch »linksrum« die Welt offen. Andere durften laut Seefahrtsbuch nur »rechtsrum« fahren, also in die Ostblockhäfen. Das galt zum Beispiel für alle, die nach einer Heirat plötzlich Westverwandtschaft hatten und denen man Fluchtgefahr unterstellte. Manch ein Seefahrer kündigte lieber, als diese Einschränkungen hinzunehmen, andere schwiegen dazu und waren einfach froh, weiterhin unterwegs sein zu dürfen.

Greulich erinnert sich noch an seinen ersten Besuch in Hamburg, für ihn ein einschneidendes Erlebnis, nicht nur wegen der Reeperbahn und des Hafens, sondern auch wegen der Möglichkeiten, die sich hier im Westen boten. »Natürlich habe ich mich beim Einkaufen in einem Supermarkt darüber geärgert, dass wir das alles nicht hatten.« Außerdem hat ihn die Schönheit der Hansestadt beeindruckt, sahen doch die Hansestädte in seiner Heimat, wie Stralsund und Wismar, »immer noch sehr schlimm aus«. Ab und an habe er daran gedacht, einfach im Westen zu bleiben, aber die Sehnsucht nach seiner Heimat war immer größer als die Versuchung. »Ich habe eine sehr enge Bindung an den Beruf. Mir macht es unwahrscheinlichen Spaß, auf dem Schiff zu leben. Der Moment des Ein- und Auslaufens, auf See zu sein, die Arbeit mit den Kollegen an Bord – das alles hat die Momente zwischen den Supermarktregalen weggedrückt.« Kollegen wagten die Republikflucht. Zwei Mal hat er erlebt, wie jemand im Westen von Bord ging und nicht wiederkam. »Das gab dann einen Riesenärger und zog stundenlange Befragungen durch die Stasi nach sich. Leid getan hat mir der Kapitän, der ja die Verantwortung trug.«

Während dieser Jahre des »Links-herum-Fahrens« hatte der heute 54-Jährige viele Begegnungen mit Menschen, die etwas über sein Leben erfahren wollten, ihn auch mal zu einem Bier oder einem Essen einluden. Immer wieder waren die Parteizugehörigkeit, die Stasi und die Mauer Thema. »Waren Sie eigentlich in der Partei?«, ist auch heute eine der häufigsten Fragen, wenn es in den Gesprächen an Bord persönlicher wird. In den letzten Jahren vor der Wende ging ohne Mitgliedschaft in der SED beruflich nichts voran. »Wer als Kapitänskader zur Wahl stand, musste in der Partei sein und zudem ein Jahr lang als sogenannter Politoffizier an Bord gewesen sein. Das war aber erst gegen Ende der DDR so.« Greulich wollte unbedingt Kapitän werden, also trat er in die Partei ein. »Ich bin natürlich ein Kind dieses Systems, Überzeugung war auch dabei. Ich ärgere mich oft darüber, dass viele das total verleugnen.«

Auch wenn er inzwischen am Nord-Ostsee-Kanal lebt, wird dieses Bild für ihn immer ein Stück Heimat bedeuten. Der thüringische Inselsberg, auf den er mehr als 30 Jahre aus allen Westfenstern und aus dem Garten seines Hauses blickte, ist und bleibt sein »Hausberg«.

Foto: Drogerie und Foto Peter Ditter, Tabarz / Thür.

Die Wende brachte dem ehemaligen Tankerfahrer die Chance, beruflich völlig neue Wege einzuschlagen. Erzwungenermaßen, denn er erhielt von seiner damaligen Reederei 1990 die Kündigung. Zu diesem Zeitpunkt war er Erster Offizier, es gab einen Sozialplan und eine kleine Abfindung von der DSR, der Deutschen Seereederei. Gleich im Anschluss bewarb er sich erfolgreich in Hamburg. In den alten Bundesländern herrschte Mangel an erfahrenen Schiffsoffizieren, bekannte Seefahrtsschulen zum Beispiel in Hamburg waren geschlossen worden, das kam den Bewerbern aus dem Osten zugute. »Ich hatte das Glück, nie einen Tag arbeitslos zu sein. Die Grenze hat sich geöffnet, die deutschen Reeder hatten nicht genügend Nachwuchs ausgebildet, und nun kamen 3000 DDR-Seeleute. Und ich war einer von denen. Unsere Ausbildung wurde sehr geschätzt im Westen, auch die Fähigkeit mit Situationen klarzukommen, die nicht Standard waren. Wenn mal Ersatzteile fehlten, haben wir den Kahn immer flottbekommen.«

Ganz große Hochseeschlepper fuhr er damals, bei Hapag Lloyd als Steuermann und einziger Ossi an Bord. »Das Team

hat mich aber nett aufgenommen. Zuerst haben sie mich ein wenig beobachtet, doch das hat sich schnell gegeben. Ruck, zuck war ich drin, es gab mal 'ne Neckerei von einem der Wessis, aber das war es dann auch schon.« Später wurde er Kapitän auf einem Flüssiggastanker.

Während andere aus seinem Dorf nach der Wende gebrauchte Autos und technische Geräte anschafften, fuhr Andreas Greulich seinen alten Lada noch sechs Jahre. »Ich habe es genossen, Dinge für mein Haus zu kaufen, die es bei uns vorher nicht gegeben hat. Dachziegel oder Gartengeräte. Dass ich am Haus herumbasteln und es schöner machen konnte.«

Andreas Greulich ist ein Kapitän wie aus dem Bilderbuch, stattlich würde manch einer sagen, mit Schnauzbart und Kurzhaarschnitt, in Uniform kann man ihn sich gut vorstellen mit einer betagten Kreuzfahrtpassagierin beim Captain's Dinner. So wie wir das aus dem Fernsehen kennen, wenn das ›Traumschiff‹ ablegt. Das Fernsehschiff hat übrigens einen Bruder im Osten. Die Reihe ›Zur See‹ spielte allerdings auf Handelsschiffen der DDR. »Das war eine wirklich tolle Serie«, findet Greulich. Doch der Kapitän aus dem Osten kannte auch die Fernsehserie des ZDF. Er erinnert sich, wie er vor wenigen Monaten in Warnemünde sein Schiff in den Hafen bugsierte: »Ich habe hinten am Hafenbecken mit der MS Deutschland gedreht, bin mit der Backbordseite ran, und dann lag das Schiff so 800 Meter Luftlinie zu meiner alten Seefahrtschule. Zu der Aula, in der ich meine Matheklausur geschrieben habe. Da stand ich an Deck mit Gänsehaut und habe gedacht, wenn mir damals einer gesagt hätte, dass ich mal auf der MS Deutschland fahre, als Kapitän, das hätte ich nicht geglaubt.«

Auch heute noch erkennt er die Ossis im Team, merkt, wenn Kollegen eine ähnliche Ausbildung genossen haben, möglicherweise auch die Seefahrtschule in Rostock besucht haben. Aber die Crew ist für ihn nicht geteilt in Ost und West. Sprichwörtlich sitzen mit dem Kapitän alle in einem Boot. 260 Mann Besatzung aus 19 Nationen.

Die Fahrgäste allerdings äußern sich schon ab und an zu

ihrem ostdeutschen Kapitän. »Freuen Sie sich nicht, dass Sie jetzt so weit herumkommen?«, hat er sich von Mitreisenden anhören müssen. Als sich kürzlich eine Kreuzfahrerin abfällig über einen Kollegen äußerte – »Das konnte ja nichts werden, der ist doch aus dem Osten« –, machte es ihm zugegebenermaßen Spaß, die Dame beim abendlichen Smalltalk etwas zu provozieren. Auf die Frage: »Woher kommen Sie denn eigentlich?«, antwortete er trocken: »Aus Thüringen.« »Das war der Dame peinlich, aber es tat sich kein Spalt auf, in dem sie verschwinden konnte. Wir haben das dann so ein bisschen übergangen im Gespräch. Man versucht darüberzustehen. Die Ostvergangenheit ist immer wieder mal Thema, allerdings nur bei der älteren Generation der Gäste. Ich habe aber auch erlebt, dass an Bord ein Thüringer oder ein Mecklenburger auf mich zukam und sagte: ›Mensch, einer von uns fährt das Schiff.‹ Das ist schön. Das Positive überwiegt.«

Die Söhne des Kapitäns sind inzwischen 22 und 26 Jahre alt und fragen manchmal nach, wie das denn war, damals in der DDR. Das Interesse erlischt aber meist sehr schnell. Dass es für seine Kinder selbstverständlich ist, mit dem Zelt nach Schweden oder mal eben in den Urlaub nach Italien zu fahren, empfindet Greulich heute noch als Privileg. Er genießt es, zu Hause zu sein, freut sich nach zwei Monaten aber auch wieder sehr auf die Zeit an Bord der MS Deutschland. »Ich hatte oftmals tolle Begegnungen auf diesem Schiff, das Olympiateam haben wir aus London nach Hause gebracht, der Bundespräsident war mal da und viele Schauspieler und Musiker.« Auch Udo Lindenberg hat er an Bord kennengelernt und ihn als politisch sehr interessiert erlebt. »Er wollte unbedingt auf die Brücke und alles über meinen Job an Bord wissen. Wir haben uns auch über früher unterhalten, ich habe ihm erzählt, wie wir manchmal Unerlaubtes eingeschmuggelt haben, zum Beispiel Schallplatten, Poster oder Ami-Parkas. Und ich hab ihm gesagt, dass seine Kassetten wie Gold gehandelt wurden bei uns.«

»Die Menschen konnten nach dem Mauerfall ja nicht einfach ihr bisheriges Leben wegschmeißen«

Jochen Wolff, ehemaliger Chefredakteur,
jetzt Herausgeber der ›SUPERillu‹

Als Jochen Wolff 1989 das Angebot erhielt, Chefredakteur bei einer Zeitschrift zu werden, die vor allem die Ostdeutschen ansprechen sollte, war er beruflich an einem Punkt, an dem er neue Herausforderungen suchte. Nach 15 Jahren bei einer bunten Illustrierten in München, arbeitete er damals bei einer Frauenzeitschrift in Düsseldorf. »Als ich seinerzeit das Angebot prüfte, stand ich im Bann der Ereignisse rund um den Mauerfall. Ich fühlte, dass ich als Journalist die einmalige Möglichkeit hatte, Zeitzeuge einer neuen geschichtlichen Epoche zu werden – und auch gestaltend in diese neue Zeit einzugreifen.«
Der Umbruch im Osten, die nicht einschätzbare zukünftige Entwicklung, reizte ihn ebenso wie die Aussicht, in Berlin zu leben, nicht zuletzt, weil seine Frau eine gebürtige Ostberlinerin ist. Für seine Frau, die der DDR sehr kritisch gegenüberstand und 1986 legal ausgereist war (»mit den üblichen menschenverachtenden Schikanen, die damit verbunden waren«), war es, so erinnert sich Wolff, zunächst wie eine Heimkehr. »Allerdings hat es sie in den Jahren, die folgten, sehr bedrückt, dass viele Parteibürokraten und Stasimitarbeiter von einst wieder auftauchten und sich nicht wegduckten.«
Seine eigene Neutralität gegenüber den Ereignissen in der DDR und dem System führte nicht selten zu Spannungen zwischen ihm und seiner Frau. »Ich hatte das erste Exklusiv-Interview mit Egon Krenz und suchte einen neutralen, verschwiegenen Ort für das Gespräch. Als ich meiner Frau sagte, ich möchte den Termin in unserer Wohnung machen, drehte sie fast durch. Krenz war für sie das Synonym für die menschenverachtende DDR-Staatsdiktatur. Krenz oder ich! Die Entscheidung fiel mir natürlich leicht. Das Interview fand im

Haus von Krenz statt, und meine Frau und ich sind bis heute glücklich verheiratet.«

Jochen Wolff versuchte von Anfang an mit der ›SUPERillu‹ die Lebensleistung der Menschen in Ostdeutschland zu respektieren, erklärt er. »Wir haben gegen Stasibürokratie und SED-Willkür gekämpft und immer in der Zeitschrift darüber berichtet. Aber wir haben immer den Frauen und Männern Respekt gezollt, die ihren Weg in der DDR gegangen sind, ohne sich aktiv in den Unrechtsstaat einbinden zu lassen.« Seiner Ansicht nach hat die Zeitschrift mit ihren Geschichten über die Menschen von nebenan, über Vergangenes und Zukunftspläne das Selbstbewusstsein der Ostdeutschen stark gefördert. Ihm war es immer ein Anliegen, das Brandmal »Deutsche zweiter Klasse« zu tilgen. »Die Menschen konnten nach dem Mauerfall ja nicht einfach ihr bisheriges Leben wegschmeißen, in der ›SUPERillu‹ haben sie sich wiedergefunden – mit ihren Alltagserinnerungen, den Liedern, Idolen und Erlebnissen von einst.« Die Zeitschrift wurde so zur »Medienheimat«, bei der Lektüre konnte man »durchatmen«. Wolff ist stolz darauf, dass seine Zeitschrift den Aufbau Ost positiv begleitet hat.

Für seine Arbeit als Chefredakteur ist Jochen Wolff mit dem Bundesverdienstkreuz ausgezeichnet worden. In der Begründung heißt es, Wolff habe mit seinem Magazin stark daran mitgewirkt, die Menschen auf ein Leben in der Marktwirtschaft und in unserer Demokratie vorzubereiten, und sich deshalb große Verdienste im Einigungsprozess erworben.

Auch für ihn selbst war die Arbeit in Berlin neu und anders als alles, was er bisher als Journalist gemacht hatte. Zu Beginn der Neunzigerjahre war es nicht möglich, eine Zeitschrift für alle Bundesbürger zu gestalten. »Die Lebensverhältnisse in Ost und West waren zu unterschiedlich, um flächendeckend von Rostock bis Stuttgart Akzeptanz zu finden. Die Menschen hatten eine unterschiedliche Herkunft und Vergangenheit. Andere Jugenderlebnisse, andere Musik, andere Filme, andere Vorbilder. Viele Printobjekte berichteten in Korrespondentensicht aus den neuen Ländern, vieles wurde mit Kopfschütteln betrachtet.«

Heute erreicht die ›SUPERillu‹ wöchentlich jeden fünften Ostdeutschen über 14, das ist eine Reichweite von ca. 20 Prozent. Den Posten als Chefredakteur hat Jochen Wolff inzwischen an Robert Schneider abgegeben. »Nach 22 Jahren fand ich es angemessen, das Blatt in jüngere Hände zu legen. Dass Schneider aus Leipzig stammt, hat unsere Entscheidung natürlich nicht behindert. Aber in erster Linie wollten wir die Zeitung einem talentierten und erfolgreichen Blattmacher anvertrauen.« Als Herausgeber bleibt er seinem Ostbaby, das inzwischen erwachsen geworden ist, aber weiter verbunden. »Die Unterschiede zwischen Ost und West sind vielfach auch eine Bereicherung, so wie es auch die Unterschiede zwischen Norddeutschen und Bayern sein können. Akzeptieren wir unser Land doch endlich in seiner ganzen Vielfalt, das macht uns nur stärker.«

»Um lustig zu sein, muss die Spreewaldgurke her«
Achim Mentzel, Sänger und Entertainer

Aus der Nähe sieht man sofort, dass seine Locken echt sind und keine Minipli. Das Goldkettchen lugt unauffällig unter dem schlichten schwarzen T-Shirt hervor, goldenes Armband, goldene Uhr, ein Ring an jeder Hand und schließlich das schwarze Herrenhandtäschchen machen das Bild von Achim Mentzel komplett. Zum vierten Mal verheiratet, achtfacher Vater, neunfacher Großvater, dreifacher Urgroßvater. Er ist der Mann, der im Westen als »singende Spreewaldgurke« bekannt wurde. Mentzel erinnert sich noch gut an den Sonntagabend 1995, an dem Oliver Kalkofe ihn in ›Kalkofes Mattscheibe‹ parodierte. Ihn und seinen Song ›Sauer macht lustig‹, in dem es heißt: »Sauer macht lustig, na wer weiß das nicht … um lustig zu sein, muss die Spreewaldgurke her.« Kalkofe sagte damals: »Durch einen Unfall im Kernkraftwerk nahe einer psychiatrischen Anstalt macht seit einigen Wochen ein dubioser Doppelgänger von mir die neuen Bundesländer auf Probe unsicher. Besondere Kennzeichen: apokalyptische Fröhlichkeit am Rande des Wahnsinns und eine äußere Erscheinung irgendwo zwischen Tony Marshall, dem Yeti und einem überfahrenen Hamster. … Sollten Sie diesen Mann sehen, melden Sie es bitte uns, der Polizei oder dem städtischen Hundefänger. Aber seien Sie vorsichtig, er ist mit einem Gurkentopf bewaffnet.« Mentzels Frau wurde vor dem Fernseher vor Entsetzen bleich, Achim hingegen war begeistert: »Das war doch das Beste, was mir passieren konnte. So kannte mich bald jeder im Westen.«
Achim Mentzel, Jahrgang 1946, hatte damals bereits ein bewegtes Leben hinter sich: als erfolgreicher Kapellenmusiker und als Solist, Republikflüchtling auf Zeit und später als Fernsehmoderator.
Auf der Bühne stehen, Stimmung machen, das lag Achim schon als Kind. Sein Musiklehrer erkannte das Talent des

Jungen früh, und der Neunjährige durfte in den letzten fünf Minuten der Unterrichtsstunde den »Schlager der Woche« vortragen, den er auf Rias gehört hatte. »Da durfte ich immer auf das Podium, das hat mir gefallen.«

1963 gründete er mit zwei Freunden seine erste Band. Als angehende Fernsehmechaniker waren die beiden für die Technik zuständig, sie löteten die Verstärker und kümmerten sich um alle anfallenden Reparaturen zum Beispiel bei den Lautsprechern und Mikrofonen, Achim sang. Sie spielten Songs der Beatles nach, was ohne Englischkenntnisse nicht ganz einfach war. »Wir hatten ja nur Russisch in der Schule und haben unsere Texte in Lautschrift aufgeschrieben. ›Ei laf ju‹ zum Beispiel. Dann kamen die Rolling Stones, deren Musik, neu und wild wie sie war, im Osten noch mehr einschlug.«

1965 spielten die Rolling Stones, die damals von der ›Bravo‹ als »härteste Band der Welt« bezeichnet wurden, das Abschlusskonzert ihrer ersten Deutschlandtournee in der Westberliner Waldbühne. Wer keine Karte hatte, suchte sich einen Weg durch die Absperrungen. Mehr als 22 000 Menschen wollten die Stones damals sehen und schon nach einer knappen halben Stunde war alles vorbei. Die Stimmung kippte, die Fans randalierten, die Bänke wurden zu Kleinholz gemacht, die Polizei musste Wasserwerfer einsetzen. Es entstand ein Schaden von mehr als 300 000 Mark, Dutzende wurden verletzt. Die Freilichtbühne erlebte ihr letztes Konzert für Jahre, erst 1978 gab es in der Waldbühne wieder ein regelmäßiges Programm.

Auch die DDR-Regierung zog Konsequenzen, zumal bei diesem Konzert Züge der Reichsbahn beschädigt worden waren. Mentzel und seine Band erhielten Spielverbot, angeblich wegen Steuerschulden. Für Mentzel hatte das Verbot aber eindeutig politische Hintergründe. Beatmusik, das war etwas für die Ungewaschenen, Langhaarigen, die sich nicht anpassen wollten. Walter Ulbricht, Chef des Zentralkomitees der SED, sprach 1965 auf dem Plenum ein Verbot westlicher Beatmusik aus: »Ist es denn wirklich so, dass wir jeden Dreck, der vom Westen kommt, nun kopieren müssen? Ich denke, Genossen, mit der Monotonie des Je-Je-Je, und wie das alles heißt, ja, sollte man doch Schluss machen.« Wolf Biermann erhielt wegen Klassenverrats und Obszönität Auftritts- und Publikationsverbot.

In Leipzig formierte sich Widerstand, hier gingen Jugendliche auf die Straße, um gegen das Verbot der·Beatmusik und das Berufsverbot für beliebte Bands wie die Butlers zu protestieren. Die nicht genehmigte Demonstration wurde gewaltsam aufgelöst, die Protestler zum Teil zu Zwangsarbeit verurteilt. Die DDR führte anschließend »Rowdytum« als Straftatbestand ein. Es wurde nicht mehr Twist getanzt, sondern der Lipsi, den ein Leipziger Musiker erfunden hatte. »Ja, die DDR wollte alles selber machen, gründete die Singebewegung (siehe S. 59) der FDJ, den Oktoberklub, all so einen Firlefanz.« Achim Mentzel verdreht die Augen. In den frühen 1960er-Jahren versuchte die Kulturpolitik der DDR mit dieser politisch-musikalischen Kampagne junge Menschen zusammenzubringen, sie sollten mit eigenen Songs auftreten. Ursprünglich stammte die Idee zu einem »Hootenanny« von einem Kanadier, der an der Musikhochschule »Hanns Eisler« studiert hatte. Folk, Chanson, Blues und Beat waren die bevorzugten Musikstile dieser Zeit, doch ab 1966 wurde diese Musik aufgrund der englischen Texte als unsozialistisch diskreditiert und der Hootenanny-Klub in Ostberlin in Oktoberklub umbenannt. Die Mitglieder der Singebewegung waren laut ihrer Ideengeber Kämpfer für Frieden, Sozialismus und Solidarität. Für Achim Mentzel waren sie Musiker, die nur das taten, was der Staat wollte. Alle neuen Schlager- oder Liedtexte mussten beim zuständigen Beauftragten des Ministeriums für Kultur vorgelegt und vor der Aufführung genehmigt werden. »Man wusste nie so genau, was gestrichen wurde und was durchging. Das war unberechenbar.« Englische Texte einzureichen, traute sich niemand, Achim schrieb lieber auf Deutsch. Wer unerlaubt auf Englisch sang, bekam Auftrittsverbot. Achim und seine Kumpel riskierten es und wurden erwischt.

Nach dem Berufsverbot wurden Mentzel und seine Band-
kollegen sofort eingezogen, um bei der NVA ihren Dienst zu
tun. Mentzel versuchte, sich möglichst unsichtbar zu machen
und die Zeit bei der Armee irgendwie hinter sich zu bringen.
6000 Ostmark Steuerschulden musste er abzahlen, er trank
nicht, rauchte nicht, sparte jeden Pfennig. Und wurde dann
in die NVA-Band beordert. »Da kommt ein Stabsfeldwebel
an den Panzer und ruft: ›Wer ist Mentzel?‹ ›Oh Mann‹, denke ich, ›was haste jetzt wieder gemacht?‹ Als ich mich melde,
sagt der: ›Mensch, Sie waren doch beim Diana-Schau-Quar-
tett in Berlin, Sie können doch Musike machen, wir haben
hier die Transportbataillon-Combo, da machen Sie jetzt mit.«
Mentzel sagt »Schau« statt »Show« und berlinert umso stärker, je mehr er in aufregende Erinnerungen eintaucht.
Während der Armeezeit hat er das erste Mal geheiratet, der
Liebe wegen und weil es fünf Tage Sonderurlaub gab. Nach
dem Dienst bei der NVA stieg der gelernte Polsterer im Unternehmen seines Schwiegervaters ein. Eines Tages tauchte
der Kapellenchef Manfred Lindenberg in der Werkstatt auf,
er kannte ihn vom »Diana-Show-Quartett« und holte Mentzel als Sänger für sein Manfred-Lindenberg-Sextett. Lindenberg kümmerte sich auch um die Aufhebung des Auf-
trittsverbots. Aber Achim wollte in einer großen Band mit
vielen Bläsern spielen und wechselte deshalb bald zu Al-
fons Wonneberg. Dessen Band durfte auch im Westen auftreten. Als sie 1973 anlässlich des Kindertags in Westberlin
gastierten, zog der Schlagzeuger Klamotten aus der Trommel
und verkündete, im Westen zu bleiben. Mentzel, der gerade Stress hatte mit seiner zweiten Frau, die ihn wenige Tage
zuvor mit einer anderen in flagranti erwischt hatte, schloss
sich an. »Das hatte überhaupt nichts mit dem System zu tun.
Ich blieb aus privaten Gründen im Westen. Im Osten war ich
ja ziemlich bekannt, und ich habe mir gedacht: Jetzt werde
ich denen im Westen mal zeigen, wo der Hammer hängt!«
Doch die Ernüchterung kam rasch. Noch heute hat der Musiker den Spruch im Ohr, den sich viele DDR-Bürger mit dem
Wunsch nach einem erfolgreichen Leben im Westen anhören

mussten: »Die haben gerade auf dich gewartet.« Und so war es dann auch. Schlagzeuger und Sänger wurden nicht mit Jubelschreien und Engagements empfangen. »Gaukler und Fallensteller haben wir hier schon genug, *das* hat der Mann auf dem Arbeitsamt zu mir gesagt!«

Seine Mutter vermittelte ihn telefonisch an Verwandte im Saarland, ein Onkel nahm ihn auf, und Mentzel absolvierte einen Schnelllehrgang zum Schweißer. Briefe von zu Hause kamen, von der Mutter, von der Frau, die ihm verzeihen wollte, Bilder von der kleinen Tochter. Achim Mentzel hatte Heimweh. »Da sitze dann alleine auf dem Zimmer, hast stundenlang geschweißt, die Italiener nennen dich faule deutsche Sau – ich musste immer nacharbeiten, weil ich so langsam war –, und dann diese Briefe.« Mentzel wollte zurück, schickte seine Frau zum Staatsanwalt, um die Folgen seiner Republikflucht auszuloten. »Meine Mutter und meine Frau hatten sie ja längst ausgefragt, warum ich weg bin und wohin, und ob das geplant war. Meine Familie hat sich also erkundigt, und es hieß: ›Nichts wird so heiß gegessen, wie es gekocht wird.‹« Das war für Mentzel der Rückfahrtschein in die DDR.

Im Gepäck ein neuer Verstärker und eine neue Gitarre vom letzten Westgeld sowie die sichere Hoffnung, ein dauerhaftes Reisevisum ausgestellt zu bekommen. »Die wussten ja nun, dass ich auf jeden Fall zurückkomme.« War er naiv? Dumm? Vertrauensselig? Achim Mentzel wollte in seine alte Heimat und einfach nur Musik machen, deshalb ging er in die DDR zurück. Aber statt Reisefreiheit und stürmischer Begrüßung bekam er eine Haftstrafe. Eine Nacht verbrachte er in der Einzelzelle. Er erinnert sich noch heute an diesen Aufenthalt. »Zwei Decken und ein Kopfkissen abholen, Pritsche ausklappen, schlafen. Am nächsten Morgen um sechs Uhr wecken, Pritsche einklappen, Bettzeug wieder abgeben, zwei Tassen Muckefuck und zwei Marmeladenstullen und dann ab zur Vernehmung.« Zwei Nächte verbrachte er im Gefängnis in der Berliner Keibelstraße und neun Wochen im Auffanglager in Barby bei Magdeburg. Die DDR-Führung demonstrierte ihre Macht. »Die haben mich mit dem Auto an meiner Wohnung in Pankow vorbeigefahren, ich dachte, sie bringen mich zu meiner Familie, aber es ging direkt in die Untersuchungshaft.«

Das Verlassen der DDR ohne behördliche Genehmigung, der »ungesetzliche Grenzübertritt« ins nichtsozialistische Ausland, wie es offiziell hieß, war ein Straftatbestand, der mit bis zu acht Jahren Freiheitsentzug geahndet wurde. Mentzel wurde zu zehn Monaten Gefängnis, ausgesetzt für zwei Jahre auf Bewährung, verurteilt, ihm ist klar, dass er mit diesem Strafmaß Glück hatte. Über Rückkehrer (fast zehn Prozent der rund vier Millionen Menschen, die die DDR bis 1990 verließen) wurde nicht gesprochen, wer aus den Lagern entlassen wurde, war zum Schweigen verpflichtet. Hat sich nie jemand gewundert, dass er so glimpflich davongekommen ist und anschließend eine große Karriere im DDR-Fernsehen machen konnte? Hat nie jemand nachgefragt, ob Mentzel Kontakte zur Stasi hatte? »Ne. Später hat mal irgendjemand gesagt, ich sei im Westen zum Spitzel ausgebildet worden und als Agent zurückgekommen. Ich weiß gar nicht mehr, wer das war, irgendjemand, der mir keine Bandreisen in den Westen genehmigen wollte.« Bei der Erinnerung an diese Unterstellung kann er sich kaum halten vor Lachen.

»Dieses Foto von 1974 verkörpert für mich den Buchtitel ›Der Osten ist ein Gefühl‹: die Erinnerung an Michael Fritzens Dampferband und wie viel Spaß wir hatten. Auf dem Foto sitze ich neben Nina Hagen, als wir uns kennenlernten, haben wir sofort gemerkt, dass wir ähnlich ticken. Nina hatte damals schon mit ›Ich hab den Farbfilm vergessen‹ einen Hit gelandet und ging dann mit ihrer Mutter und deren Lebensgefährten Wolf Biermann in den Westen. Michael Fritzens Ausreiseantrag wurde 1984 genehmigt. Ich bin 1977 aus der Band ausgestiegen, aber das Gefühl, wie es war, mit denen Musik zu machen, das werde ich nie vergessen.«

Hinten: Michael Fritzen, Fritze Born, Jürgen Schneider, Christian Kardaetz;
vorne: Achim Mentzel, Nina Hagen, Bernd Müller (jeweils von links nach rechts).

Foto: privat

Und wenn Achim Mentzel lacht, dann wird es laut. Eine »Stimmungskanone« sei er, steht auf seiner Internetseite. Weil er gerne lacht, gerne dafür sorgt, dass andere Spaß haben, kann er auf eine beachtliche Karriere zurückblicken. Er moderierte die Erfolgssendung ›Ein Kessel Buntes‹ und spielte mit Nina Hagen in Fritzens Dampferband. »Wir haben uns kostümiert und lustige Schlager gesungen.« Über den »Honigmann« zum Beispiel, der süß wie Honig war.

Kurz vor dem Mauerfall wurde er gefragt, ob er die Sendung ›Achims Hitparade‹ moderieren wolle, das ZDF plane da etwas und man wolle »denen da drüben« zuvorkommen. »Bald nach der Wende gab es einen Austausch zwischen den Siegern der Sendungen, da ist mal ein Gewinner von uns zum ZDF und umgekehrt, aber dann waren wir plötzlich Konkurrenz und das ging nicht mehr.« 17 Jahre moderierte Mentzel ›Achims Hitparade‹, erst beim DFF, ab 1992 beim MDR.

Mit Oliver Kalkofe, dem er heute noch dankbar ist für seine ersten 1,5 Minuten im Westfernsehen, geht er inzwischen gemeinsam auf Tour mit dem ›Gernsehclub‹. Mentzel hat in Kalkofes ›Wixxer‹-Filmen kleine Rollen übernommen und kann sich auch sonst nicht über mangelnde Engagements im Westen beklagen. Er zieht seinen kleinen grünen Taschenkalender aus dem Herrenhandtäschchen und blättert darin. »Ich singe auf Modenschauen, in Autohäusern oder auf Seniorenveranstaltungen, ich bin mir für nichts zu fein. Wenn ich Zeit habe, dann komme ich. Hauptsache, die Leute haben Spaß. Manch einer mag die Ankündigung, dass ich so schnell nicht in Rente gehen werde, vielleicht als Drohung begreifen, aber dann singen sie doch wieder mit, wenn der Mentzel loslegt mit: »Sauer macht lustig, na wer weiß das nicht … um lustig zu sein, muss die Spreewaldgurke her.«

Von der Hootenanny- zur Singebewegung –
Versuch, die FDJ »flott« zu machen
Ein Beitrag von Dr. Lutz Kirchenwitz, Kulturwissenschaftler

Was war die Singebewegung? War sie ein DDR-Produkt wie Bautz'ner Senf oder Rotkäppchen-Sekt? Eine »Singebewegung« (ohne e) hatte es in der bürgerlichen Jugendmusikbewegung der Zwanzigerjahre gegeben. Ab 1967 war »Singebewegung« (mit e) in der DDR die offizielle Bezeichnung für das vom internationalen Folk Revival inspirierte Singen und Liedermachen.

In der DDR lebte der kanadische Folksänger Perry Friedman, der ab 1960 mit Hootenannys durchs Land zog. So hatten Anfang der Vierzigerjahre die US-amerikanischen Almanac Singers (Woody Guthrie, Pete Seeger u. a.) ein ungezwungenes Konzert genannt, bei dem verschiedene Künstler auftraten und auch das Publikum mitsang. Mit solcherart Konzerten machte Perry Friedman in der DDR Furore, und als dann das von den USA ausgehende Folk Revival nach Europa schwappte (Joan Baez, Bob Dylan u. a.), gründeten Anfang 1966 ein paar junge Leute in Ostberlin mit Unterstützung des Jugendsenders DT 64 und der FDJ-Bezirksleitung einen Hootenanny-Klub, dem kurz danach weitere in Berlin und Dresden folgten. Der Hootenanny-Klub war eine Art offene Bühne. Perry Friedman, Hartmut König, Reiner Schöne, Bettina Wegner und viele andere traten dort auf.

Anfang 1967 wurde in der DDR eine offizielle Kampagne gegen »Anglizismen« gestartet, und in die Schusslinie geriet auch der Begriff Hootenanny. Der Berliner Klub mit diesem Namen benannte sich daher um in Oktoberklub, und offiziell sprach man nun von Singebewegung. Der Begriff war eine etwas gewollte Erfindung und nicht sonderlich beliebt, aber die FDJ hat ihn bis zum Ende der DDR beibehalten, obwohl sich die Liedszene in dieser Zeit stark veränderte.

1967 wurde die neue Singebewegung in einer großen Medienkampagne popularisiert. Nach dem kulturpolitischen Desaster des 11. Plenums des ZK der SED im Jahre 1965 wollte man nun endlich ein positives Beispiel präsentieren. Die Kampagne war in vielen Punkten überzogen, aber der zwanglose, unpathetische Stil der Mitglieder des Oktoberklubs und einiger anderer Interpreten hatte eine beachtliche Resonanz, und nach diesem Beispiel entstanden zahlreiche Klubs, in denen gesungen, musiziert, diskutiert und gefeiert wurde. Die besten Klubs wurden zu Sammelbecken für Talente und Initiativen und zu Kaderschmieden für den Kultur- oder FDJ-Apparat.

Musikalisch war die Singebewegung eine Mischkultur aus Folklore, Skiffle, Chanson und Rock. Sie wollte keinesfalls den Beat verdrängen, auch wenn das einige Funktionäre zeitweise hofften. Viele Klubs kooperierten mit Rockbands oder spielten in Bandbesetzung, und einige Liedermacher wurden später ausgezeichnete Rocktexter (Kurt Demmler, Gerhard Gundermann u.a.). Man sang internationale politische Songs, Folklore und selbst geschriebene Lieder. Etliche der neuen Lieder hoben sich wohltuend ab von den Phrasen und Klischees früherer Massenlieder und Schlager. »DDR-konkret« lautete der von dem Liedermacher Reinhold Andert geprägte Slogan dafür. Aber viele Lieder wurden diesem Anspruch nicht gerecht, waren von Wunschdenken getragen, blieben apologetisch.

Die Akteure der Singebewegung waren Jugendliche, die sich bewusst für die DDR und den Sozialismus engagierten und versuchten, die »FDJ flott« zu machen (so hieß es in einem Text des Liedermachers Bernd Rump). Die FDJ war ab 1967 Träger der Singebewegung und förderte die Gruppen auf vielerlei Weise, führte Werkstattwochen durch, gründete Beratergruppen, gab Publikationen heraus. Sie gängelte die Klubs jedoch auch häufig, verengte ihre politische Funktion auf Affirmation und zensierte die Texte.

Die höchste Zahl an Gruppen (4000) und die größte Resonanz beim Publikum hatte die Singebewegung 1972/73 bei der Vorbereitung und Durchführung der X. Weltfestspiele der Jugend und Studenten in Berlin. Danach ging ihre Ausstrahlung zurück. Viele junge Musiker nabelten sich von ihr ab, gründeten Liedertheater (Karls Enkel) und Folkloregruppen (Folkländer) oder arbeiteten solistisch als Liedermacher (Stephan Krawczyk). Aber gerade in den Achtzigerjahren war das von der FDJ und der Singebewegung getragene Veranstaltungsleben sehr umfangreich (Festival des politischen Liedes, Liedersommer der FDJ u.a.) und bezog fast die gesamte Liedszene mit ein.

Die Singebewegung war zwiespältig wie vieles in der DDR. Sie hat einiges im Kulturleben bewegt und viele Talente hervorgebracht, sich aber auch vereinnahmen und instrumentalisieren lassen. Ist sie für die einen rückblickend »Firlefanz«, so für die anderen die Erinnerung an eine Jugendzeit mit vielen Aktivitäten und Erlebnissen. Manche Klubs von damals treffen sich noch heute gelegentlich, und einige Lieder aus dieser Zeit werden nach wie vor am Lagerfeuer oder bei anderen Gelegenheiten gesungen.

»Wir haben nicht so einen Wind um eine Schwangerschaft gemacht«
Ina Flieger, Hebamme

Bis 1979 konnte man nur über die Ausbildung zur Kranken-schwester und eine anschließende Weiterbildung Hebamme werden, wir waren im Brandenburger Raum die Ersten, die im Fachschulstudium zur Hebamme wurden. Deshalb bin ich auch keine Krankenschwester, sondern Frau Flieger, Heb-amme.«

Dass diese Zeit inzwischen mehr als 30 Jahre hinter ihr liegt und sie mittlerweile über 5000 Babys und deren Eltern be-treut hat, kann Ina Flieger selbst kaum glauben.

Die zweifache Mutter ist 53 Jahre alt und bereits dreifache Oma. Modern und zeitlos ist sie gekleidet mit Jeans und T-Shirt, die langen, schwarzen Haare sind mit einer bunten Spange hochgesteckt, große silberne Kreolen baumeln an ih-ren Ohrläppchen, das Gesicht ist nahezu faltenfrei, die gro-ßen blauen Augen, so scheint es, werden beim Erzählen noch größer.

Als sie auf das Alter der Mütter zu sprechen kommt, wirkt sie ehrlich erstaunt. Nach der Wende betreute sie Frauen von Mitte bis Ende zwanzig, heute sind die Erstgebärenden häu-fig bereits Anfang, Mitte dreißig. Und sie vermutet, dass das Alter in den kommenden Jahren noch ansteigen wird. »In der DDR galt man als steinalte Mutter, wenn man mit 25 sein erstes Kind erwartete. Aber für uns bedeutete ein Kind ja auch, dass man überhaupt eine Wohnung bekam. Außer-dem haben wir mit Anfang zwanzig schon Geld verdient und konnten uns eine Familie leisten!«

Ina Flieger ist in Nauen aufgewachsen, einer kleinen Kreis-stadt in Brandenburg, die sie selbst als »Kuhkaff« bezeich-net. Als Einzelkind einer Arbeiter- und Bauernfamilie hat sie ihre Kindheit in der Kleinstadt genossen, nie etwas vermisst. »Je älter ich wurde, desto mehr ist mir erst bewusst geworden, dass immer weniger Konsumgüter erhältlich waren. In meiner Kindheit gab es beispielsweise noch Melonen, später nicht mehr.« Sie betont »Konsum« auf der ersten Silbe, spricht schneller, als die Erinnerungen kommen.

Eigentlich wollte sie nach dem Abitur Medizin studieren. »Meine Puppen trugen alle Pflaster und Verbände mit Sicherheitsnadeln, aber ich hatte keine Chance, einen Studienplatz für Medizin zu bekommen. In der DDR wurde man gelenkt. Mich hat man in die Lebensmitteltechnologie gesteckt. Da sollte ich Maschinen erfinden, die mit weniger Aufwand mehr Brötchen herstellen.« Noch heute wundert sie sich darüber, dass sie dem Vorschlag einfach folgte.

Den Traum, im medizinischen Bereich tätig zu sein, hat sie nie vergessen, doch der Weg bis zur Hebamme war lang und beschwerlich. Sie hat während dieser Zeit geheiratet, Kinder auf die Welt gebracht, übergangsweise in anderen Jobs gearbeitet, zum Beispiel als Hauswirtschafterin oder Altenpflegerin, und gegen Zweifel, Hoffnungslosigkeit und ihre berufliche Unzufriedenheit gekämpft. Für Ina Flieger hieß es immer wieder Anlauf nehmen und Widerstände überwinden, um in der DDR und dann kurz nach der Wende in der BRD ans Ziel zu kommen. »Ein halbes Jahr kämpfte ich um Exmatrikulation in der Lebensmitteltechnik! Man wollte mich nur exmatrikulieren, wenn ich einen anderen beruflichen Weg einschlage, daher brauchte ich erst die Zusage zum Hebammenfachschulstudium. Während ich auf meinen Studienplatz als Hebamme gewartet habe, habe ich in Nauen als ungelernte Säuglingsschwester gearbeitet. Das hat mir *so* einen Spaß gemacht, mit den Frauen und den Babys!« Deshalb nutzte sie die Chance, als sie sich bot, und ließ sich zur Hebamme ausbilden.

»In der DDR gab es keine freien Hebammen. Wir hatten Polikliniken, in denen auch Gynäkologen arbeiteten, dort mussten alle Schwangeren hingehen. Vieles haben Sozialarbeiterinnen erledigt, Messen, Wiegen, was eben so anfiel. So viel Wind hat man damals ja um Schwangerschaften nicht gemacht, ein CTG hatten wir nicht. 1983, als meine Tochter geboren wurde, war ich zum ersten Mal beim Ultraschall. Nur die Kliniken in Brandenburg und Potsdam hatten solche Geräte.«

Das Unkomplizierte, Einfache, das vermisst sie bei den Müttern von heute manchmal. Wobei Ina Flieger über einige Gepflogenheiten von früher auch lachen muss. »In Potsdam durften die Männer schon damals bei der Geburt dabei sein. Sie mussten aber vorher einen Film angucken über die Entbindung und bekamen dann einen Stempel in den Mutterpass, der sie berechtigte, bei der Geburt anwesend zu sein. Die Männer waren aber mehr lästiges Beiwerk. Mütter mussten zu der Zeit noch sieben Tage in der Klinik bleiben, und die Männer durften die Babys nur durch die Scheibe betrachten. Mittwochs und sonntags war Besuchszeit, das wurde streng eingehalten, Mütter durften ihre Kinder nur beim Stillen anfassen, die wurden gebracht und dann wieder geholt.«

Regeln sind ihr auch heute wichtig, bei den Müttern und Babys, die sie in und um Potsdam betreut. »Was das Stillen anbelangt, richte ich mich nach dem Ossirhythmus, aber ich habe ihn etwas gelockert: Früher galt die Regel 6–10–2–6, heute gebe ich einen Spielraum von 30 Minuten plus oder minus. Nachts können die Muttis es halten, wie sie wollen. Ich sage immer, ich bin eine Ost-West-Hebamme. Ich habe ein ganz gutes Händchen dafür, den Kindern und den Müttern einen vernünftigen Rhythmus ›aufzudrücken‹, sodass die Eltern auch noch ein Leben neben dem Kind haben.«

Mitunter eckt sie an mit diesem Zeitplan, wenn die Schwangeren später lieber »das Baby entscheiden« lassen möchten, wenn ihnen diese Regeln zu »ostig« vorkommen und zu hartherzig.

»Bei uns in der DDR gab es zwischendurch Tee oder den Nuckel, wir haben die Kinder auch mal brüllen lassen und auf den Topf gesetzt, bis es klappte, wir wollten die Baumwollwindeln schnell loswerden, das Auswaschen war grässlich.« Sie lächelt wissend, wenn sie von Müttern erzählt, die nach einer Probestunde im Vorbereitungskurs nicht wiederkommen.

Inzwischen kann sie es sich leisten, dass die eine oder andere Schwangere zu einer Kollegin wechselt. Zu Beginn ihrer Tätigkeit als freie Hebamme war der Beruf mehr ein Hobby. »Das war ein Sprung ins kalte Wasser. In der ehemaligen DDR waren freie Hebammen unbekannt. Ich habe die alteingesessenen Ärzte besucht, die guckten mich fragend an: Was wollen Sie machen? Wollen Sie uns die Arbeit wegnehmen? Niemand konnte mit diesen Diensten etwas anfangen. Ich hatte ja selber keine genaue Vorstellung, außer dass ich den Frauen in der Wochenbettzeit helfen wollte. Heute ist das anders, inzwischen haben Eltern und Ärzte unsere Leistungen schätzen gelernt.«

Kurz nach der Wende zeichnete sich für Ina Flieger ab, dass der Traum mit der Arbeit im medizinischen Bereich vielleicht doch noch in Erfüllung gehen könnte. »Als meine Cousine in Westberlin ihre Zwillinge bekam, wurde sie von einer freiberuflichen Hebamme betreut. Da bin ich über die Glienicker Brücke nach Berlin zu einer Telefonzelle gefahren und habe mir im Telefonbuch eine Hebamme in Lankwitz rausgesucht und sie angerufen. Zwei Monate hat sie mich bei sich mitlaufen lassen. Und das war ganz anders als in der DDR: Bei uns ging ja die Schwangerenberatung nie über die Zeit im Krankenhaus hinaus. Danach kümmerte sich der soziale Dienst. Jede Frau wurde einmal von einem Sozialarbeiter besucht, der nachschaute, ob alles passte. Hat das Kind ein Bett, ist das Kochgeschirr ordentlich, wie leben die Frauen? Und dann gab es die Mütterberatung. Da mussten wir alle vier Wochen hin mit den Kindern, das war Pflicht, es gab immer einen Stempel. Wer gestillt hat, bekam zehn Ostmark pro Monat, und so waren die Kinder im ersten Lebensjahr erst einmal gut versorgt.«

Die Kollegin in Lankwitz zeigte ihr, der Anfängerin, wie man die Schwangeren im Westen auf eine Geburt vorbereitet. Wie man in Kursen die werdenden Mütter und Väter auf den neuen Lebensabschnitt einstimmt und ihnen die wichtigsten Regeln mit auf den Weg gibt.

»Der erste Geburtsvorbereitungskurs, dem ich beigewohnt

habe, kam mir schon sehr ungewöhnlich vor. Dass sich so viele fremde Frauen in eine Runde setzen und dann über alles reden. Und das Konzept der Hebamme war gar nicht meins. Hätte ich so nicht machen wollen, dieses esoterische Om, viel Om. Om war mir nüscht.«

Also überlegte sich Ina Flieger einen eigenen Weg und machte sich im März 1991 selbstständig als erste freie Hebamme in Potsdam. »Aber die, die mich hätten unterstützen können, haben es mir am Anfang sehr schwer gemacht. Ich habe mich bei freiberuflichen Gynäkologen vorgestellt und bei der zentralen Schwangerenberatungsstelle in der Poliklinik des Bergmann-Krankenhauses, die haben mich aber alle abgewiesen. Die paar Frauen, die ich zu Beginn betreut habe, haben nicht

»Unsere Hochzeit hat sich über mehrere Tage hingezogen, erst war Polterabend, am nächsten Tag Standesamt und tags darauf sind wir zur Familie meines Mannes gefahren, zu all den Verwandten, die wir zum Fest nicht einladen konnten, um danach in den Urlaub zu starten. Unsere Hochzeitsreise ging nach Tschechien mit dem Trabbi und einem Zelt. Die Fahrten in unserem ersten Trabant sind für mich die Erinnerung an den Osten.«

Ina Flieger war bei der Hochzeit im Juni 1979 19, ihr Mann 22 Jahre alt. Auf das erste Auto hatte er gespart und die gelbe »Wunderkiste« schließlich gebraucht für 8000 Ostmark gekauft. Während im Westen der VW-Käfer seinen Siegeszug feierte, wollte man mit dem Trabant aus Zwickau einen Kleinwagen anbieten, der preiswert und robust war. Das neue Auto war auch ein Versuch, wirtschaftlich mit dem Westen mitzuhalten.

Heiraten war in der DDR einfach, man benötigte weder ein Aufgebot noch Trauzeugen. Der Standesbeamte hieß Beauftragter für Personenstandswesen und vollzog die Eheschließung meist in einem Kulturhaus oder im Betrieb des Mannes. Vom Staat gab es bis zum Alter von 30 Jahren einen zinslosen Ehekredit, den man auf Wunsch »abkindern« konnte, für jedes Neugeborene wurden zwischen 1000 und 2500 Ostmark erlassen. Verheirateten Paaren wurde außerdem schneller eine Wohnung zugeteilt. »Als wir heirateten, gab es in der DDR gerade kein Geschirr, daher bekamen wir in erster Linie Bettwäsche, ›Mollydecken‹, und Küchenhandtücher geschenkt, aber ich erinnere mich, dass auch ein Mixer dabei war«, erzählt Ina Flieger.

Foto: privat

gereicht zum Leben.« Sie ist sogar heimlich ins Bergmann-Klinikum, um auf der Wochenbettstation für ihre Dienste zu werben. Das Ergebnis war ein Hausverbot der Klinik.

Die zentrale Schwangerenberatungsstelle in Potsdam löste sich Anfang der Neunzigerjahre auf, die dort tätigen Frauen eröffneten beim Gesundheitsamt die erste Familienberatungsstelle der Stadt. Angeschlossen war ein »Hilfsfond für schwangere Frauen in Not«, den hier unterstützten Frauen wurde ein Geburtsvorbereitungskurs bei Hebamme Flieger nahegelegt. »Drei Jahre lang war ich die einzige freie Hebamme in Potsdam. Ich übernahm die Geburtsvorbereitung und die Wochenbettbetreuung. Zum Entbinden sind die Frauen nach wie vor allein in die Klinik gegangen. Die Beleghebammen durften erst 2005 mit in den Kreißsaal.«

In ihrem Garten hat sie ein kleines Blockhaus für die Kurse eingerichtet, mit bunten Stillkissen und Matratzen auf dem Boden. Die Wände hängen voller Bilder von Babys, Müttern und Familien, denen sie in den vergangenen Jahren geholfen hat. Menschen aus Ost und West.

»Je großstädtischer die Frauen sind, desto mehr Hype wird um die Babys gemacht. Und die Westmütter sind älter und anspruchsvoller als die Ossifrauen. Die Wessis analysieren jedes Detail und brauchen fast schon eine Bedienungsanleitung für ihre Kinder! Die sind nicht in der Lage, viel aus dem Bauch heraus zu entscheiden. Da wird alles hinterfragt: Ist das richtig? Ist das falsch? Das ist bei den Ostfrauen anders. Bei den meisten jedenfalls. Für mich sind diese typischen Westfrauen sehr angenehm, aber anstrengender. Man muss mehr reden, man muss ihnen oft klarmachen, dass das Kind nicht der Mittelpunkt der Welt ist, sie wollen es aber oft so und dann lasse ich es auch zu. Wenn sie damit glücklich werden. Ich helfe den Frauen dabei, ihren Weg mit dem Kind zu finden, und verlasse sie dann mit einem guten Gefühl.«

Ina Flieger ist unter ihren »Muttis« vor allem wegen ihrer Offenheit beliebt. Kein Thema ist ihr zu intim, zu schwierig, zu persönlich. »Wir sind sehr vertraut miteinander umgegangen in der DDR, wir haben uns immer alles erzählt, auch bei der Arbeit. Zum Teil wurde mehr gequatscht als gearbeitet, bei 25 Kollegen stand oft ein Geburtstag an, und den feierte man auch. Wir haben Ausflüge gemacht, die Gemeinschaft wurde sehr gepflegt.« Sie nickt, als würde sie sich selbst bestätigen, dass die Zeit in der DDR nicht durchweg schwierig war, sondern auch ihre guten Seiten hatte. »Man wurde nicht arbeitslos, man musste dem Chef zwar gefallen, aber vor ihm auch keinen Knicks machen. Hierarchie war im Krankenhaus sehr wichtig, aber das hatte nichts Verklemmtes. Wir haben uns getraut, unsere Meinung zu äußern, auch wenn das nicht immer gut ankam. Wenn Sie heute in einer Firma dem Chef nicht sagen, was Sie von ihm halten, ist das eigentlich auch nichts wesentlich anderes als Parteidisziplin.« Wehmut klingt mit, wenn sie sich an die Zeiten in der DDR erinnert, die zwar schwer, aber in manchen Belangen auch sehr sorglos für sie waren. »Wenn das Kind krank war, blieb man zu Hause, ohne dass man befürchten musste, deswegen in der Firma gemobbt zu werden. Also, schlecht fand ich das

Leben nicht. Man hat nichts vermisst, gut, mal eine Banane oder so, aber das war ja nicht existenziell.«

Dennoch ist Ina Flieger froh, dass ihre Töchter es insgesamt leichter haben, reisen können, die Welt sehen. Lernen und studieren, was sie wollen, dass sie sich kaufen können, was sie zum Leben benötigen. »Bei uns gab es vieles nur unterm Ladentisch. Von Baumwollwindeln über Pflegeartikel bis zum Obst. Man hat eingeweckt, und ich habe im Dreischichtsystem gearbeitet, das war schon hart. Mich hat damals nur der Gürtel zusammengehalten.«

Die Wende, für viele DDR-Bürger der Aufbruch in ein neues Leben, ging an Ina Flieger und ihrer Familie zunächst spurlos vorbei. »Als die Mauer fiel, war ich total überrascht. Ich hab das gar nicht so mitbekommen. Klar stand da was in der Zeitung, es gab Berichte über die Demonstrationen, aber ich hatte gar keine Zeit, mich damit zu beschäftigen. Ich ging zur Arbeit, meine Kinder waren klein und wir hatten gerade eine neue Wohnung in Potsdam bezogen. Am Morgen nach der Maueröffnung fuhr ich zum Bassinplatz, und der war ganz leer, da war kein Mensch, keine Busse, nichts. Ich bin dann zur Urania gegangen, wo ich mir vor dem Umzug eine Arbeit besorgt hatte, da fehlte auch die Hälfte. Ein Teil war gleich ganz abgehauen in den Westen, ein anderer kam wieder. Für mich war aber klar, dass ich erst einmal nicht rüber wollte. Schon wegen der Kinder. Im Dezember sind wir das erste Mal nach Berlin reingefahren, über Spandau, wir haben uns das Begrüßungsgeld abgeholt und sind dann zum Ku'damm.«

Heute genießt Ina Flieger die Freiheit, das selbst verdiente Geld auch wieder auszugeben, sich etwas zu gönnen. Nur in einem Punkt tut sie sich schwer: »Es ist mir immer noch arg, viel Geld für teures Essen zu bezahlen, wie schnell ist man 60, 70 Euro los für nichts Besonderes. Anfangs hat man sich mit der D-Mark ja nicht einmal Wurst oder Fleisch einfach so gekauft, sondern stand staunend vor den Auslagen und hat überlegt: Was kaufst du dafür? Ein bisschen ist das so geblieben. Mein Mann sagt immer, ich bin noch ein Ossi, nur mit Westgeld.«

Muttis leben in Dresden, Mamas in Hamburg

Auch über Sprache lässt sich Vertrautheit herstellen. So fühlen sich einige heimisch, wenn sie vertrautes Sächseln hören, andere denken an ihre Kindheit zurück, wenn jemand erzählt, dass Broiler sein Lieblingsessen sei.

Wenn es in Hamburg Viertel nach drei ist, sagt der Sachse, es sei viertel vier. In Ostdeutschland aber auch zum Beispiel in Schwaben oder Kärnten gibt es diese Form der Zeitangabe, erklärt Dr. Alexander Werth vom Forschungszentrum Deutscher Sprachatlas an der Universität Marburg.

Diese und andere Besonderheiten kann man sich, auf Karten dargestellt, auf der Internetseite www.atlas-alltagssprache.de ansehen. Grüne Pünktchen, blaue, rote und gelbe zeigen auf einer Deutschlandkarte an, wer welche Spracheigenart pflegt. So gibt es im Westen den Metzger oder Schlachter, im Osten den Fleischer. In Hamburg trödelt man, während in Erfurt gebummelt wird. In Ostberlin hat man noch eine Flasche Wein zu stehen, wenn man sie in Hannover nur stehen hat. Tischtennis spielt man in Rostock mit der Kelle und in Bremen mit dem Schläger.

»Ein großer Unterschied besteht auch bei der umgangssprachlichen Verwendung des Partikels ›nee‹.« Während er in Westdeutschland ein ›nicht‹, eine Verneinung signalisiert, verstehen vor allem die Sachsen darunter eine Bestätigung. »Da kann es dann schon mal zu Missverständnissen kommen, wenn der ›nee‹ sagt, aber ›ja‹ meint«, weiß Alexander Werth. Außerdem spricht der Forscher von lautlich morphologischen Unterschieden in der Sprache. »Dazu gehört zum Beispiel das Anhängen eines -e, eines sogenannten Schwa- oder Halbvokals, wie bei jetze, zehne und hiere.«

Eine repräsentative, online durchgeführte Umfrage des Meinungsforschungsinstituts YouGov im Auftrag der Deutschen Presseagentur hat außerdem ergeben, dass mehr als die Hälfte der Kinder im Osten ihre Mutter »Mutti« nennt, im Westen hingegen sagen 57 Prozent »Mama«. Eine Erklärung dafür hat Alexander Werth noch nicht gefunden. »›Mutti‹ ist zwar im Osten weiter verbreitet als im Westen, diese Differenz kann aber nicht direkt mit der Ost-West-Teilung in Zusammenhang stehen, da ›Mutti‹ auch schon in älteren Sprachstufen belegt ist.«

Dass Frauen aus dem Osten Berufsbezeichnungen gerne in der männlichen Form ausdrücken, also davon sprechen, dass »meine Freundin Lehrer ist und meine Schwester als Arzt arbeitet«, ist sowohl dem Forscher aus Marburg aufgefallen als auch Professor Beat Siebenhaar vom Institut für Germanistik an der Universität Leipzig. Allerdings gibt es an keinem der Institute bisher Forschungen zu diesem Thema. Siebenhaar kann den Eindruck aus persönlicher Wahrnehmung bestätigen, empirisch ist diese Beobachtung aber bisher nicht gestützt.

»Als ›Nancy‹ ist man gleich als Ossi abgestempelt«
Nancy Krahlisch, Journalistin

Berlin-Mitte ist hip. Hier trifft man in den Cafés auf eine bunte Mischung aus Touristenfamilien, Mädchen, die verträumt in Notizbücher schreiben, jungen Männern mit Vollbart in ausgebeulten Jeans sowie Anzugträgern, die Geschäftsbesprechungen abhalten. Man kleidet sich betont nachlässig-leger, so als könnte jeden Moment ein berühmter Modeblogger mit seinem Fotoapparat um die Ecke biegen.

Nancy Krahlisch wohnt und arbeitet in diesem Bezirk von Berlin, im ehemaligen Osten der Stadt, und scheint doch nicht herzupassen, als sie das Café betritt, in dem schon am Vormittag fast alle Tische besetzt sind. Die dunklen Haare hat sie zu einem einfachen Zopf zurückgebunden, sie trägt schlichte Jeans und ein unauffälliges T-Shirt. Vor allem das warme und offene Lächeln wirkt in diesem coolen Laden so passend wie eine Salamischeibe auf einem veganen Käsekuchen. »Manchmal sehne ich mich ein wenig hinaus aufs Land«, gibt sie zu, als sie sich setzt und einen Milchkaffee bestellt. »Ich bin im Grünen aufgewachsen und das fehlt mir hier mitten in Berlin.«

Das »Grüne« liegt im Süden Brandenburgs, ein kleiner Ort, etwa 120 km von der Hauptstadt entfernt, in dem ihre Eltern heute noch leben. Als die Wende kam, war sie zehn Jahre alt und weit davon entfernt, sich für Politik zu interessieren. »Aber ich erinnere mich, dass mein Vater oft Witze gemacht hat über die DDR und Erich Honecker. Als Kind habe ich dann immer gesagt: ›Papa, nicht!‹ Ich hatte Angst, ihm passiert etwas, wenn das jemand mitbekommt. Immerhin muss ich also begriffen haben, dass man sich nicht negativ über das System äußern durfte.«

Der Kellner bringt die große Tasse mit Kaffee, die Nancy sofort an den Rand des Tisches schiebt. Sie braucht den Platz für ihre Hände, zum Gestikulieren, Veranschaulichen, Erklären. Sie erzählt von ihrer Kinder- und Jugendzeit auf dem Land, fern von der Hauptstadtpolitik, fern von Rummel und Menschenmassen. Das Tagesgeschehen rund um die Mauer, die ersten Anzeichen des Umbruchs und die Wende spielten für das Mädchen zwischen Obstgärten und Abenteuerspielen nur eine untergeordnete Rolle.

»Eine Freundin aus Berlin hat mir erzählt, dass sie nach der Wiedervereinigung in der Schule schwarz getragen haben. Trauer, weil sie doch die DDR neu aufbauen und sich nicht mit dem Westen vereinigen wollten. Das konnte ich mir gar nicht vorstellen, das war zu weit weg. In Berlin war die Mauer direkt vor der Tür, da war das alles gegenwärtiger.«

In ihrem Buch ›Seemannsbraut‹, in dem sie ihr Leben als Frau eines Kapitäns auf hoher See schildert, beschreibt Nancy Krahlisch, dass ihr Vorname sie sehr geprägt hat. Manchmal behauptete sie bei ersten Begegnungen einfach, »Anna« zu heißen, um der Ost-West-Diskussion aus dem Weg zu gehen. »Ich habe die unglaublichsten Dinge erlebt. Als ich in Bremen mal ausgegangen bin, hat mein Begleiter mich doch tatsächlich gefragt, ob ich es genieße, jetzt all die Südfrüchte kaufen zu können. Und dann wollte er wissen, ob ich schon mal schön im Urlaub war. Da war ich 20! Das war zehn Jahre nach der Wende!« Sie schüttelt sich vor Lachen bei dieser Erinnerung.

Seit einem halben Jahrhundert wird über Vornamen in Deutschland geforscht, werden die sogenannten Modenamen eines Jahrgangs ermittelt. Im Geburtsjahr von Nancy (übrigens eine Variante des Namens Anna) waren demnach im Osten Mandy, Doreen und Nadine beliebt bei den Mädchen, aber auch Katja und Anja. Die Jungen wurden 1978 in der DDR gern René, Marco oder Christian genannt. Anja findet sich zu dieser Zeit auch im Westen unter den gängigsten Mädchennamen, neben Sandra und Katrin. René ist bei den Jungen im Westen damals gerade noch in den Top 25, während Christian auf Platz eins landet.

Alte Namen aus der Bibel hatten für viele Ostdeutsche keine Bedeutung mehr, Namen, die an Nazis erinnerten, wie zum Beispiel Rudolf, wollte man auch nicht, also wählte man junge und moderne Namen. Die Erziehungswissenschaftlerin Astrid Kaiser glaubt, dass Kinder auch nach Sehnsüchten benannt werden: »Eltern suchen nach Namen, die aus dem Land ihrer Träume kommen.« Westdeutsche verehrten in den Sechzigerjahren Skandinavien – ihre Kinder heißen heute Jan oder Sören. Viele Ostdeutsche sehnten sich nach dem Westen, den USA, nach dem Land der Freiheit, in dem die Kinder bestimmt Johnny hießen oder Cindy, wo Barry Manilow 1974 mit ›Mandy‹ seinen ersten großen Hit hatte und Nancy Sinatra ständig in den Charts vertreten war. Nahezu absurd, dass der Wunsch der Eltern nach Gleichheit mit dem Westen heute dazu führt, dass man Menschen ostdeutscher Herkunft anhand ihres Vornamens erkennen kann. In Sachsen leben die meisten Nancys, in Hamburg die wenigsten.

»Mein Bruder heißt Peter, und das werfe ich meinen Eltern natürlich vor, dass er so einen gewöhnlichen Namen bekommen hat und ich nicht.«

Wie sehr beeinflusst der Vorname unser Leben? Unzählige Forscher haben versucht, Zusammenhänge herzustellen zwischen Vornamen und Lebensprägung. 2009 kam eine Studentin in ihrer Masterarbeit zu dem Ergebnis, dass viele Grundschullehrer Jungen mit bestimmten Vornamen sehr schnell als verhaltensauffällig abstempeln. »Kevin ist kein Name, sondern eine Diagnose«, hieß es damals. Andere Beispiele waren Justin, Marvin, Chantal und Mandy. Mandy hat es auch in Internet-Partnerbörsen nicht leicht, mit neutralen, altmodischen Namen wie Peter klappt es bei der Suche nach der großen Liebe besser. Mit klassischen Namen wird anscheinend mehr Bildung und Prestige assoziiert als mit Gestalten aus Film oder Fernsehen, deren Vornamen bei sozial schwachen Familien beliebt sind. Das haben Psychologen um Jochen Gebauer von der Humboldt-Universität Berlin erforscht.

»In meiner Klasse gab es zwei Nancys, eine Mandy und eine Peggy. Ich erzähle bei Nachfragen gern, dass mein Name für meine Eltern etwas mit Fernweh und der Sehnsucht zu tun hatte. In Wirklichkeit, glaube ich, hat ›Nancy‹ meinen Eltern damals einfach gefallen. Ich glaube, es gab eine Band … irgendwas und die Nancys, das haben meine Eltern mir erzählt.«

Klaus Schibilsky hieß der Mann, der sich als Schlagersänger Michael Hansen nannte und 1972 die erste Showband der DDR gründete. Weil er der Ansicht war, dass man den Leuten neben der Musik auch optisch etwas bieten müsse, holte er sich drei singende Damen aus dem Fernsehballett und tourte zwanzig Jahre lang als »Michael Hansen & die Nancies« erfolgreich durch die Welt.

»Ich fand den Namen Nancy schön und konnte gut damit leben. Bis ich dann zum Studium nach Bremen gegangen bin und gemerkt habe, das ist ein Ostname. Vorher habe ich mir gar keine Gedanken darüber gemacht. In Bremen hießen sie Meike und Birte, und diese Namen fand ich wiederum total schräg. Und ich war halt für sie immer gleich Ossi. Wobei: Nancy geht doch noch im Vergleich zu Mandy und Peggy.«

In Bremen hat die Journalistin auch ihren heutigen Ehemann kennengelernt. Der gebürtige Hamburger, in Bayern aufgewachsen, ist als Kapitän viel unterwegs auf allen Meeren dieser Welt. Manchmal begleitet Nancy ihn auf seinen Reisen. Sie hat schon viel gesehen und ist darüber sehr glücklich. »Meine Eltern sind noch relativ jung, wie das im Osten so war. Meine Mutter war 20, als ich geboren wurde, mein Papa 21, die reisen auch gerne, während meine Großeltern darüber staunen. Aber sie freuen sich für mich. Natürlich bedauern sie, dass sie diese Möglichkeiten nicht hatten. Manchmal denke ich, was für ein dekadentes Leben ich doch führe. Ich reise ja wirklich viel.« Ihre Freunde sind auf der ganzen Welt verstreut, Australien, Südafrika, Griechenland, und als sie heirateten, feierte Nancy überall mit. »Da frage ich mich, wie das wohl in den Ohren meiner Großeltern klingt. Das Rumreisen ist für uns heute natürlich viel selbstverständlicher.« Für die Familie aus dem Osten war die Liebe zu einem jungen Mann aus dem Westen zunächst ebenso sonderbar wie die weiten Reisen. Noch im Jahr 2010 berichteten verschiedene Medien von Untersuchungen, aus denen hervorging, dass nur knapp vier Prozent aller Ehen zwischen Partnern aus Ost und West geschlossen werden. »Als ich nach Bremen ging, hat mein Opa zu mir gesagt: ›Komm bloß nicht mit einem Wessi an!‹ Auch wenn er das jetzt sicher abstreiten würde.« Die beiden leben inzwischen seit mehr als 14 Jahren zusammen und noch heute gibt es im Alltag kleine Hindernisse und Stolpersteine, die für Nancy ganz klar mit der Herkunft zu tun haben: »Wenn Heribert mit seiner Schwester und seinen Freunden über Spiele redet oder über Fernsehsendungen, die er früher geguckt hat, sitze ich daneben und sage: Kenne ich gar nicht.« Solche Situationen haben bei Nancy ein Gefühl des Ausgeschlossenseins ausgelöst, sie wollte dazugehören, mitreden können. Ihre natürliche Neugier feuerte das Nachholbedürfnis weiter an, und sie versuchte in der ersten Zeit der Beziehung zu ihrem Bayern aufzuholen, was sie verpasst hatte, was es in ihrer Kindheit in Brandenburg nicht gab. »Ich habe zum Beispiel eine ›Drei Fragezeichen‹-Kassette auf dem Flohmarkt gekauft, weil alle darüber rede-

Im April 1982 wurde das erste deutsche Retortenbaby geboren, Helmut Kohl wurde am 1. Oktober 1982 zum sechsten Bundeskanzler gewählt, im November 1982 wurde die Transitautobahn zwischen Hamburg und Berlin freigegeben, und dazwischen, im Sommer 1982 fuhr die dreijährige Nancy zum ersten Mal an die Ostsee. Zwei Wochen Sommerurlaub im FDGB-Bettenhaus in Binz.
Millionen Ostdeutscher wollten gern am Meer Urlaub machen, und um diesen Traum vielen zu ermöglichen, wurden in den Siebzigerjahren entlang der Küste zahlreiche Ferienheime gebaut. Vor allem Binz auf Rügen entwickelte sich zu einem sogenannten FDGB-Ferienort (FDGB: Freier Deutscher Gewerkschaftsbund). Allerdings gab es für die Durchschnittsbürger nur einen Platz in der Nachsaison. Der Vorteil war, dass sie ohne Probleme einen Strandkorb in der ersten Reihe ergatterten. Der Nachteil: Ihrer Mutter Petra war es zu kalt, um ins Wasser zu gehen. Nancy hatte jede Menge Spaß beim Baden und auch beim Sandburgenbauen. Schnell fand sie in Lars (4 Jahre und aus Berlin) einen Freund, der mit seinen Eltern ebenfalls im Bettenhaus wohnte.

ten. Das Interesse der Ossis an den Wessis ist wohl größer als umgekehrt.«

Sie hat sich anfangs schwer getan mit dem Ossisein, mit den Gesprächen über das Leben in der DDR und das System, das sie als Kind nicht so wahrgenommen hat, wie es mancher aus den alten Bundesländern erwartete. Das Misstrauen der Menschen aus dem Westen war ihr manchmal unheimlich. »Zum Beispiel haben einige bayerische Freunde meines Mannes anfangs die Nase gerümpft, als sie hörten, er ist mit einer Frau aus dem Osten zusammen. Das hat mich total verletzt.«

Nancy Krahlisch hat in Norddeutschland studiert, im britischen Stoke-on-Trent, bei Zeitungsredaktionen und Fernsehstationen in verschiedenen deutschen Städten gearbeitet. Heute ist sie bei einer Zeitung in der Hauptstadt angestellt. »Ich bin dann irgendwann auch deshalb nach Berlin gegangen, weil ich nicht mehr der Quotenossi sein und überall diesen Stempel bekommen wollte. Ich glaube, bei uns in der Redaktion ist das Verhältnis von Ost und West ziemlich ausgeglichen, 50:50.«

In einer Stadt wie Berlin müssen sich die Medien, auch 25 Jahre nach der Wiedervereinigung, immer um beide Seiten der Stadt kümmern und die Interessen von Ost und West berücksichtigen. »Bei manchen Themen, wenn es zum Beispiel um Künstler geht, die die Westkollegen nicht kennen, sagen wir: Darüber müssen wir für unsere Ostleser schreiben.« Nancy Krahlisch amüsiert sich, weil sie aufgrund ihres Alters manch eine Ostlegende selbst nicht kennt, über die in der Redaktion diskutiert wird. »Und dann die Sprache. Gestern ging es um einen Kollegen namens Jan. Die Ossis sagen Jaaaan und die Wessis sagen Jann. Wie heißt er denn nun? Ich sage immer Jaaaaan.« Die Mama heißt im Osten Mutti, in Berlin ist es ölf Uhr, wenn es elf wird, man muss seine Schangsen wahrnehmen und ein Ensemble wird zum Ongsombel. »Als ich nach Bremen gegangen bin, war ich der Meinung, hochdeutsch zu sprechen – die Sachsen sächseln, die Berliner berlinern und wir Brandenburger reden hochdeutsch, dachte ich. Dann habe ich gemerkt, dass ich manches für westdeutsche Ohren falsch ausspreche. Zum Beispiel habe ich Sallat gesagt oder Spinnat. Als ich einmal frei für eine Zeitung gearbeitet habe, wollte ich mit dem Redakteur etwas absprechen. Ich habe ihn angerufen und gesagt: ›Dann komme ich mal lang.‹ Und er darauf: ›Mir egal, ob du lang oder kurz kommst, Hauptsache du kommst her.‹ Das war mir echt unangenehm.«
Die Aussprache hat sie geändert, was blieb, ist eine gefühlsmäßige Bindung an den Osten. Immer wieder hat sie sich als Außenseiterin gefühlt und gemeint, sich wegen ihrer Herkunft verteidigen zu müssen. »Eine Kommilitonin hat mal erklärt: ›Ich finde es so toll, Nancy, dass wir Freundinnen sind, obwohl du aus dem Osten kommst.‹ Das hat mich verletzt, obwohl sie es gar nicht böse gemeint hat. Und dann hat sie noch hinzugefügt: ›Meinem Vater darf ich das gar nicht erzählen, der hätte was dagegen, der kann Ossis nicht leiden.‹«
Nancy Krahlisch sagt nicht »Wir«, wenn sie über Menschen aus dem Osten spricht, aber sie fühlt eine besondere Zugehörigkeit. »Ich freue mich, wenn Menschen aus dem Os-

ten Erfolge verbuchen. Wenn in der Bundesliga ein Ostclub absteigt, bin ich echt traurig. Manchmal fiebere ich bei Ereignissen mit, die mich sonst gar nicht interessieren würden. Weil ich den Osten gestärkt sehen möchte.« Das gilt nicht nur für die sportlichen Bereiche, sondern auch für »süße« Kindheitserinnerungen. »Zum Beispiel mag ich Knusperflocken, die es schon im Osten gab, diese Schokodinger in den goldenen Tüten. Heribert, mein Mann, hasst die, er findet sie abartig. Die kaufe ich schon auch, um ihn zu ärgern. Aber zugleich möchte ich, dass er sie mag.«

Der Kaffee ist ausgetrunken, die Rechnung bezahlt, da fällt Nancy Krahlisch noch eine Ost-West-Geschichte ein. »Vor ein paar Tagen habe ich mit meinem Schwiegervater, er ist über 80, telefoniert. Er hat in seinem Haus eine Ferienwohnung eingerichtet und meinte: ›Das ist ja vielleicht auch mal was für deine Eltern, Nancy. Als Ostler haben die sicher nicht so viel Geld und freuen sich über eine günstige Bleibe in Bayern.‹ Er meinte das nett, aber es kam seltsam rüber.«

Namenshitparaden in Ost und West

Gabriele Rodriguez, Onomastikerin
(Fachberatung Namenberatungsstelle,
philologische Fakultät, Universität Leipzig)

Bei der Namensvergabe spielt vor allem die Heimatregion eine große Rolle – welcher Dialekt wird gesprochen, welche Länder grenzen an, ist die Aussprache eher hart oder sehr weich: Das hat alles Einfluss. Nancy ist eigentlich gar kein typischer Ostname, dazu wurde er nicht häufig genug vergeben – 1978 waren es 56 kleine Nancys, sieben Jahre später 79, dann wurden es von Jahr zu Jahr weniger. Aber er passt gut in die Klangreihe Mandy und Peggy und wird deshalb vielfach der DDR zugeordnet.

Auch das Fernsehen hat bei der Namensvergabe eine Rolle gespielt, genau wie im Westen. Beliebt war zum Beispiel der Name Peggy, nach der Moderatorin der Bildungssendung ›English for you‹. In einer Sendung konnte man russisch lernen und auch die Namen dieser Protagonisten waren für viele Eltern Inspiration. »Ich selbst bin nach Gabriele Seifert benannt, Weltmeisterin im Eiskunstlauf 1969 und 1970, das war damals ein Modename«, erklärt Gabriele Rodriguez.

Den größten Irrtum und die größten Vorurteile gibt es wohl bei dem Namen Kevin. Angefangen hat alles mit dem ehemaligen Fußballspieler Kevin Keegan. 1977 wechselte der beliebteste Spieler Englands zum HSV und stürmte zwei Jahre später mit dem Song ›Head Over Heals In Love‹ auch noch die Charts. Die ersten Kevins wurden im Westen also nach diesem Mann benannt. Dann kamen die amerikanischen Schauspieler Kevin Bacon, im Jahr 1984 mit ›Footlose‹, und Kevin Costner, 1990 mit ›Der mit dem Wolf tanzt‹, und ebenfalls 1990 der Kinoerfolg ›Kevin allein zu Haus‹.

»In der DDR war der Vorname Kevin ab 1990 populär, nach der Wende dann viele Jahre auf den ersten Plätzen der Namenshitparaden, beliebt vor allem in Familien mit hohem

Fernsehkonsum, also bildungsfernen Haushalten. Heute ist der Name ein Musterbeispiel für Vorurteile bei Lehrern gegenüber Schülern dieses Namens. Die jüngeren Leute in bildungsferneren Familien, die diese Diskussionen nicht mitbekommen, mögen den Namen aber immer noch«, sagt die Wissenschaftlerin und stellt fest: »Allgemein ist es so, dass Namen in Wellen wiederkommen. Namen wie Friedrich oder auch Ida waren Ende des 19., Anfang des 20. Jahrhunderts beliebt, erlebten ihren Höhepunkt zur Nazizeit und dann sind sie im Westen nahezu verschwunden, während sie sich im Osten bis in die Sechzigerjahre hinein gehalten haben. Und jetzt kommen germanische Namen wieder, besonders bei Jungen sind sie populär. Das hängt aber auch damit zusammen, dass viele Mittelnamen mit familiärem Bezug vergeben werden, als zweiten Vornamen erhalten die Kinder den der Großmutter oder des Großvaters. Da sind sich die Paare meistens sicher, die richtige Wahl getroffen zu haben, weil sie den Namen aus der Familie kennen. Tatsächlich rufen mich manchmal Akademikerpaare an, um zu fragen, ob ein bestimmter Name der Mittelschicht zugeordnet wird oder das Kind damit später Probleme bekommen kann.«

»Viele nehmen die Wende als große Entschuldigung für ein verpfuschtes Leben«
Inka Bause, Sängerin und Moderatorin

Inka Bause war in der DDR ein Superstar. Die quirlige Blondine, die heute im Fernsehen Frauen für einsame Bauern sucht und sich zwischendrin auch mal durch Nachmittage talkte, hatte 1989 bereits eine erfolgreiche Karriere als Sängerin und Moderatorin in der DDR hinter sich.

Während in Hamburg Nena mit dem ›Fragezeichen‹ aus den Lautsprecherboxen der Cabrios dröhnte, auf Schulpartys zu Nino de Angelo und ›Jenseits von Eden‹ geschmust wurde und jedes Kleinkind den ›Knutschfleck‹-Song von Ixi mitträllern konnte, wurde in der DDR die gerade einmal 16-jährige Inka für ihre Musik geliebt. ›Spielverderber‹ war 1985 ihr erster großer Hit, erinnerte im Sound an die Neue Deutsche Welle, an Titel wie ›Ich will Spaß‹ von Markus oder auch ›Hohe Berge‹ von Frl. Menke. Sehr tanzbarer Takt, ohrwurmverdächtiger Refrain. Komponiert hatte den Song ihr Vater Arndt, einer der erfolgreichsten Komponisten im Osten Deutschlands.

Musik war bei Bauses allgegenwärtig. Nicht selten wurden die drei Töchter an den Wochenenden durch das Klavierspiel ihres Vaters geweckt. Sein Kompositionsstudium schloss er 1974 mit einem Staatsexamen ab, da hatte er zwei Jahre zuvor schon den Kunstpreis der DDR »für die Schaffung der neuen DDR-Unterhaltungskunst« bekommen. Arndt Bause schrieb über 1300 Songs, die Musik zu 25 Defa-Filmen, ein Musical, eine Oper. Damit wurde er nicht nur berühmt, sondern auch reich. »Mein Vater hat sich natürlich an den Schlagern aus dem Westen orientiert, deshalb war er ja so erfolgreich.«

Allein ›Sing, mei Sachse, sing!‹, inzwischen so etwas wie die heimliche Nationalhymne der Sachsen, dessen Text von dem Kabarettisten Jürgen Hart stammt, brachte Bause eine Million Ostmark ein. Von dem Westgeld, das er mit diesem und anderen Titeln verdiente, die auch »drüben« gespielt wurden, durfte er nur knapp ein Drittel behalten. Seine LP ›Hart auf Hart‹ mit der Hitsingle ›Sing, mei Sachse, sing‹ gilt mit mehr als 600 000 verkauften Exemplaren als eine der erfolgreichsten Schallplatten der DDR. Im Westen wäre das Dreifach-Platin gewesen, das schaffen heute zum Beispiel Semino Rossi und Helene Fischer mit ihren Platten.

Arndt Bause schrieb Hits für Frank Schöbel oder Wolfgang Lippert (›Erna kommt‹) und Helga Hahnemann. »Henne« oder »Big Helga«, wie sie auch genannt wurde, gehörte zu den beliebtesten Fernsehfrauen der DDR. Ihr wurde der Publikumspreis »Goldene Henne« gewidmet, den die Zeitschrift ›SUPERillu‹, der MDR und rbb jährlich vergeben. Sie war eine gute Freundin der Familie und machte einige der Songs von Arndt Bause zu Superhits. Er selbst stellte einmal fest: »Als ich begann, für Helga Hahnemann zu schreiben, ging ihr Erfolg erst richtig los.«

Familie Bause konnte ein angenehmes Leben führen, sie fuhren ein Westauto, lebten im eigenen Haus, das über ein Studio mit Westtechnik verfügte. Arndt Bause hatte ein Dauervisum und konnte in den Westen reisen; er war im Komitee für Unterhaltungskunst, im Präsidium des Komponistenverbandes der DDR, gehörte aber nicht der SED an.

Inka Bause musste sich in den Jahren nach der Wende immer wieder mit Vorwürfen auseinandersetzen, ihr Vater habe sicher irgendwo »mitgemischt«, sonst hätte er nicht all diese Privilegien gehabt. »Die DDR wollte Unterhaltung, das haben sie von ihm bekommen, deshalb haben sie ihn in Ruhe gelassen.« »Hofkomponist der sozialistischen Unterhaltungskunst« wurde Arndt Bause in einem Zeitungsartikel einst genannt.

Die Deutsche Demokratische Republik wollte keine westlichen Schlager, erhoffte sich von Bause Lieder mit Texten, die bewusstseinsbildend sein sollten, sozialistische Unterhaltungsmusik. Aber alles, was sich nach DDR anhörte, lag wie Blei in den Regalen der Läden. Deshalb ließ man ihn schreiben, was nach Pop und Westen klang.

Inka und ihre beiden älteren Schwestern lebten zunächst mit den Eltern in Leipzig, zogen dann nach Berlin. Inka nahm Geigen-, Klavier- und Gesangsunterricht, absolvierte ein Gesangsstudium an der Hochschule für Musik »Hanns Eisler« in Berlin. In der DDR konnte man nicht einfach beschließen, Bühnenstar zu werden, Schlagersängerin zum Beispiel. Zunächst brauchte man den Studienabschluss oder eine Lehre, erst dann gab es den »Berufsausweis«.

Inka durfte aber wegen der guten Kontakte ihres Vaters bereits 1984 als Schülerin bei einer Silvestergala auftreten, die im Fernsehen übertragen wurde. Der Song ›Spielverderber‹ wurde zum Hit. »Die Euphorie bei den Auftritten war sicher vergleichbar mit den kreischenden Mädchen bei ›Disco‹ und der ›Hitparade‹. Vielleicht noch schlimmer, weil wir ja sonst nichts Vergleichbares hatten. Ich bin im Palast der Republik aufgetreten, nicht im großen Saal, da waren die Frank Schöbels, ich durfte in den Jugendtreff. Einmal hat mein Vater dort um sein und mein Leben geschrien. Es kamen Horden von Jugendlichen, Tausende Schüler riefen ›Inka‹ und rannten auf mich zu – ich wäre beinahe niedergetrampelt worden. Natürlich gab es keine Security im Osten, aber auf einmal kamen Männer in braunen Uniformen und haben mich abgeschirmt.«

Inka erklärt ihr Leben auf der Bühne heute als eine Ostkarriere, die wie eine Westkarriere verlief, nur ohne Presse. Die ›SUPERillu‹ erschien erst nach der Wende, ›Melodie & Rhythmus‹ war eine Zeitschrift für Musiker. Sie erinnert sich an ›Neues Leben‹, die »Bravo des Ostens«, die Kiddys lasen ›Frösi‹ und es erschienen natürlich Tageszeitungen, aber all diese Zeitschriften und Zeitungen berichteten kaum über das private Leben der Stars. Wenn es doch einmal geschah, dann keineswegs reißerisch, sondern in einem respektvollen, journalistischen Stil. Es gab keine Premieren mit Fotografen an roten Teppichen, keine Paparazzi, die versuchten, einen Star heimlich im Bikini oder mit einem neuen Lover abzuschießen.

Deshalb blieb auch das Familienleben der Bauses privat. Und

das, obwohl Arndt Bause viel zu erzählen gehabt hätte. Er hatte nicht nur gute Kontakte zu Behörden in der DDR, sondern durch seine Arbeit und seine Reisen auch zu Musikern im Westen. Inka Bause erinnert sich an einen Tag, an dem Roy Black zu Besuch da war. Den sie verehrte, weil er so gut aussah, aus dem Westen kam und so gut roch. »Man durfte ja keinen Kontakt zu Westlern haben, deshalb haben meine Eltern mir nicht gesagt, dass Roy Black sich angesagt hatte, das hätte ich sicher in der Schule herumerzählt. Aber dieser Geruch … nach Lederjacke und Mann.«

Die ›Bild‹-Zeitung schrieb unmittelbar nach der Wende über Inka Bause, sie sei der letzte Popstar der DDR gewesen. Der Sängerin und Moderatorin wurde erst zu diesem Zeitpunkt richtig bewusst, was in den vorangegangenen Jahren passiert war und wie sie selbst sich verändert hatte. Damals stand sie kurz vor ihrem Examen und hatte sich allein auf die Abschlussprüfungen konzentriert. Studium, Auftritte, Auslandsgastspiele in der Tschechoslowakei, Plattenaufnahmen, immer zu tun – die Wende kam ihr da gerade recht, bedeutete die Einheit doch zunächst das Ende des täglichen Drucks. »Von einem Tag auf den anderen war mein Terminkalender leer. War aber alles gar nicht schlimm, weil wir so jung waren. Ich hab gedacht, klasse, raus hier, Westen ankucken.«

In der ›ZDF-Hitparade‹ kündigte Moderator Uwe Hübner die Sängerin bei ihrem ersten Nach-Wende-Auftritt so an: »Wenn wir schon pinke-pinke-mäßig zusammengehören, dann muss sie einfach dazugehören: die DDR-Nummer. (…) Sie entscheiden mit darüber – mit der Startnummer 5, Inka und ›Aber Du‹.« Mit blonder Wallemähne und schwarzweißem Overall mit Matrosenkragen war sie rein äußerlich nicht von den Interpreten aus Stuttgart oder Westberlin zu unterscheiden. »Ich war der erste DDR-Künstler in der ZDF-Hitparade und habe dann auch gleich den dritten Platz belegt – und das, obwohl die Ossis alle gar nicht durchgekommen sind beim Telefonieren, damals gab es ja noch die Vorwahl. Darauf bin ich schon sehr stolz.«

Nach der Wende konzentrierte sich Inka zunächst mehr auf ihre Karriere als Moderatorin, sendete im Radio, hatte kleinere Auftritte.

»Ich hab natürlich auch Platten veröffentlicht, aber die gingen alle unter. Die im Osten wollten ihre alten Stars nicht mehr hören. Ich hab mir damals auch keine Frank-Schöbel-Platten mehr gekauft, sondern die Scheiben, die ich schon immer haben wollte. Jetzt kam man ja an alles ran. Und im Westen gab es schon genug erfolgreiche Schlagersänger.«

Sie erinnert sich an einen Plattenvertrag, gleich nach der Wende, der ihr Geld, aber keine Verkaufszahlen einbrachte, denn in keinem Laden gab es ihr Album zu kaufen. Inka Bause denkt, das Label wollte sie auf diese Weise als Konkurrenz zu Nicky ausschalten. »Ist eine Vermutung, aber meines Erachtens wollten sie Nicky nicht schaden und das Geschäft lieber mit den eigenen Leuten machen. Hätte mein Papa umgekehrt vielleicht genauso gehandhabt.« Im Jahr 2000 startete sie mit der Single ›Florian‹ dann auch im Westen durch.

Inka empfindet ihre Jugendzeit als »Leben im wahren Sozialismus«. Wenn man den Sozialismus als Gegenmodell zum Kapitalismus sieht, dann hinkt der Vergleich natürlich, als Tochter eines reichen Vaters genoss sie Privilegien. »Wir hatten den schönsten Osten überhaupt. Den, den alle wollten: Reisefreiheit, Arbeit, gute Ärzte für alle. Ich weine dem Osten nicht nach, spätestens wenn man mal das Stasigefängnis Hohenschönhausen besucht hat, weiß man, dass man damals nicht den wahren Staat kannte. Aber mir ging es gut. Und als Kind oder Jugendliche hinterfragt man das ja auch nicht.«

Wenn jemand über Inka Bause sagt, sie sei »im Westen angekommen«, dann versteht sie das nicht als Beleidigung, muss aber sehr darüber lachen. Arbeiten bei einer Fernsehproduktion in erster Linie Westdeutsche, erlebt sie immer wieder, dass über typische Ostausdrücke gelacht wird, man über Vokabeln streitet. »Ich rede am Set zum Beispiel von einer Zweiraumwohnung. Dann erklärt mir jemand: ›Das sagen wir hier nicht, wir sagen Zweizimmerwohnung.‹ Und ich kann mich aufregen und fragen, was das heißen soll, nach 25 Jahren, dieses ›wir hier‹.« In solchen Situationen hilft ihr ihre freche Berliner Schnauze, die immer mit der richtigen Portion Humor und mit Freundlichkeit daherkommt. »Wenn das so aber zum Beispiel Frank Schöbel sagen würde, der schon über 70 ist, dann hieße es gleich, der ist frustriert.«

Inzwischen, nach all den Jahren als erfolgreiche Moderatorin, Sängerin und Schauspielerin in Ost und West, ist ihr Kampfgeist allerdings nicht mehr ganz so ausgeprägt wie noch kurz nach der Wende. Damals hat sie sich gewehrt, wenn jemand sie als Ossi diskriminierte. Hat nachgefragt, warum es ein Makel sein soll, im Osten aufgewachsen zu sein, und ging keinem Streit zu diesem Thema aus dem Weg. Mit Mitte vierzig hält Inka heute auch einfach mal den Mund, spricht manches nicht aus, um sich nicht dieses Etikett »Ossi, der nicht klarkommt« anheften zu lassen. »Ich sage immer: Bata Illic hat auch keinen Erfolg mehr und der musste nicht mit einem politischen Umbruch klarkommen. Viele nehmen die Wende als große Entschuldigung für ein verpfuschtes Leben. Nach dem Motto: Alle haben es damals böse mit mir gemeint, ich habe den Anschluss nicht gefunden – und dafür kann ich nichts.«

Natürlich ist sie nicht die Einzige, die es geschafft hat, auch im Westen erfolgreich zu sein. Aber sie ist politisch nicht belastet, während Sportler etwa vielen Ostlern zu nah an der Partei waren und deswegen nicht ganz so liebevoll betrachtet werden. Inka Bause war für Partei und Stasi zu jung, sie war bei den Jungpionieren und in der FDJ, auch wenn der Vater das nicht gerne sah. »Als ich dann noch in den Verein deutsch-sowjetische Freundschaft eingetreten bin, weil ich die Ausweise so schick fand, und mit dem Heftchen nach Hause kam, wurde ich fast verhauen. Am nächsten Tag musste ich wieder austreten. Meine Eltern waren total sauer, das ging ihnen ein Stück zu weit.«

Inka kann sich an eine Geschichte erinnern, die Helga Hahnemann gerne erzählte. »Als sie eines Tages in einer Kantine von der Stasi angesprochen wurde, hat sie zwischen all den Menschen ganz laut gerufen: ›Stellt euch mal vor, die Jungs hier wollen mich anwerben, ist das zu fassen?‹ Danach hat es nie wieder jemand bei ihr versucht.« Dass ihr diese Methode imponiert hat, hört man Inka heute noch an.

Inka Bause ärgert sich über Ostalgie. Junge Menschen, die sich am Kaffeetisch anhören, was Omi und Tanten im Osten so prima gefallen hat, und diese Aussagen undifferenziert übernehmen, sind ihr ein Graus. Sie erinnert sich an einen Partner, der immer vom Osten schwärmte, obwohl er bei der Wende gerade einmal elf Jahre alt war. Sie kann es nicht nachvollziehen, wenn junge Leute sich Kerzen in Form des Fernsehturms kaufen und Bilder vom Palast der Republik an die Wand hängen, aber keine Ahnung davon haben, wie es in diesem Staat zuging. Denen würde sie am liebsten sagen: »Guckt euch das doch erst mal richtig an. Die Kindheit sieht im Rückblick immer toll aus, man behält nur die positiven Dinge. Sogar Opa, der in Stalingrad war, wird vielleicht erklären: ›Das war noch ein toller Zusammenhalt damals, als wir uns das wenige Essen geteilt haben.‹« Inkas Kindheit »war ein Traum«, erzählt sie, »aber man darf doch bitte nicht vergessen, was hier alles schiefgelaufen ist. Und es ist wahnsinnig viel schiefgelaufen.«

Mit ihrer fast volljährigen Tochter diskutiert sie über aktuelle Politik, wobei sie sich generell über die wiederkehrenden Hinweise auf den ostdeutschen Bundespräsidenten und die Bundeskanzlerin aus der DDR ärgert. Nach dem Motto, was wollt ihr denn noch mehr, jetzt gebt mal Ruhe. »Unterhalb dieser ersten Regierungsebene, so mein Gefühl, kommen in Politik und Verwaltung keine Ossis zum Zug. Auf den Direktoren- und Chefposten sitzen meistens Wessis. Mir wäre lieber, der Kanzler käme aus dem Westen und dafür mehr Minister aus dem Osten, dann würde vielleicht dieses Gere-

Inka Bause im Kindergarten mit einem »Plastetelefon«. Da sie sehr gerne in den Hort ging, ist dieses Bild für sie mit den schönsten Erinnerungen verbunden. »Außerdem kennen sicher ganz viele Menschen dieses Motiv, nur mit einem anderen Gesicht drauf, so sind wir nämlich alle fotografiert worden.«

Foto: privat

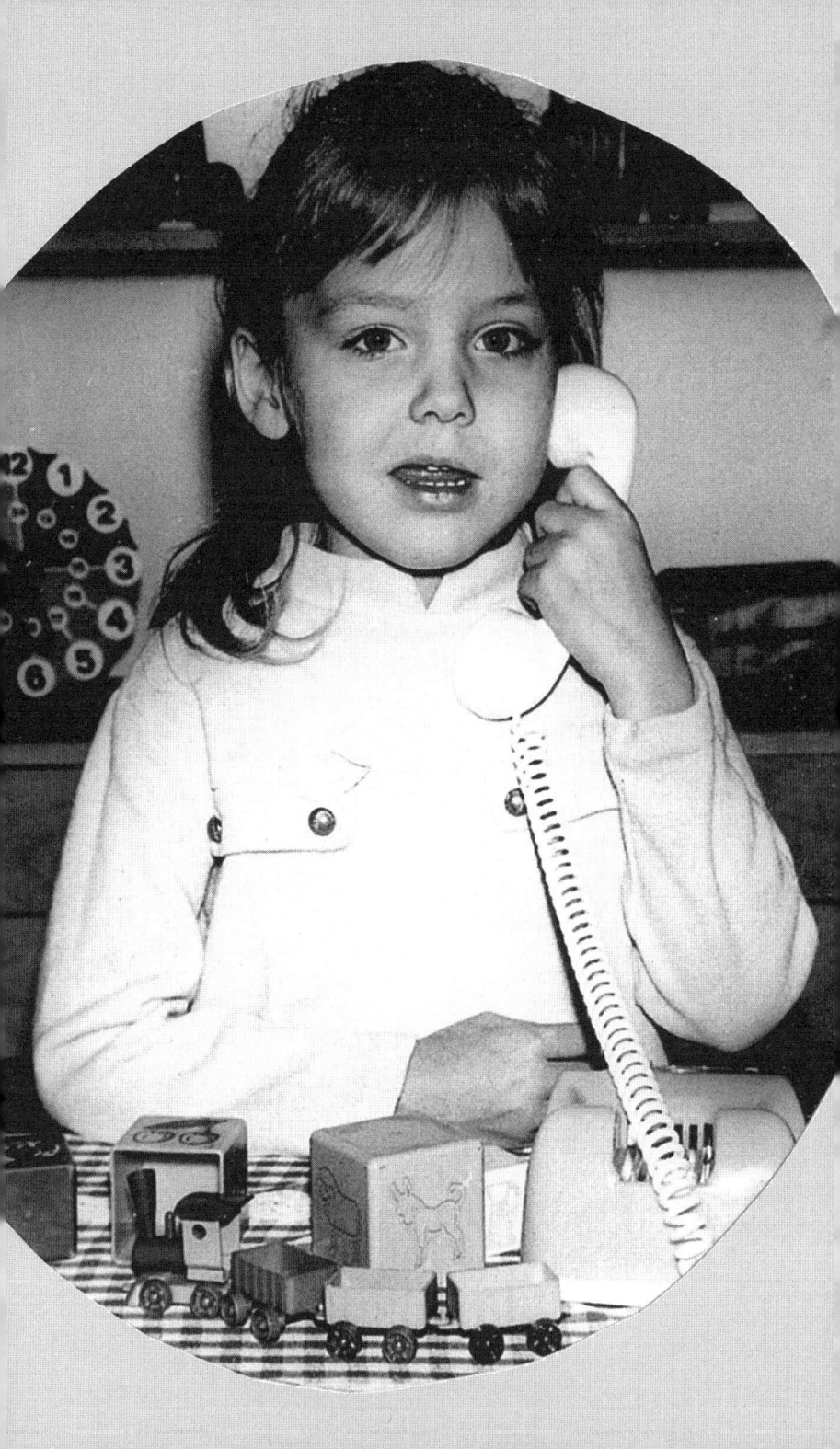

de aufhören. Es ist schlimm, dass es immer noch diese Unterscheidung zwischen Ost und West gibt. Und Vorurteile, die immer noch nicht überwunden sind, wie das vom faulen Ossi.«

Ihrer Tochter versucht Inka Bause manchmal ihre eigene Teenagerzeit in der DDR nahezubringen. Was das System mit Menschen anrichtete, für wie viel Unglück diese Mauer verantwortlich war, für wie viele getrennte Familien. Aber sie hat Verständnis dafür, dass ihre Tochter bei manchen Geschichten ungläubig den Kopf schüttelt. Einiges kann sie bis heute selbst nicht fassen. Von dem Stasigefängnis in Hohenschönhausen hat sie erst nach der Wende erfahren, ebenso von Zwangsadoptionen.

In Berlin war die Situation ihrer Ansicht nach vollkommen anders als auf dem Land. Liberaler. Sie erinnert sich an Südfrüchte und an Ausflüge nach Leipzig zum Schuhkauf. Der Osten wollte den westdeutschen Messebesuchern zeigen, dass es keinen Mangel gab in der DDR und stattete die Messestadt deshalb besser aus. »Aber wenn man auf dem Dorf am 1. Mai keine Fahne rausgehängt hat, konnte einem der Bürgermeister das Leben zur Hölle machen. Da war Feierabend. Wer kurz vor der Wende mit einem Auto mit Berliner Kennzeichen aufs Land gefahren ist, dem wurden schon mal die Reifen zerstochen, so groß war der Hass, weil die Berliner viel mehr hatten. Die Verteilung war natürlich ungerecht – auf dem Dorf hatten sie Kohl und wir hatten Bananen und Orangen.«

Inka Bause wird heute in Ost und West geliebt. Ihre fröhliche und authentische Art kommt bei Bauern ebenso gut an wie bei den Stars der Musikszene. Tatsächlich ist diese Freundlichkeit nicht gespielt. Inka interessiert sich für Menschen, unterhält sich gerne, egal mit wem. »90 Prozent der Fans sprechen mich auf ›Bauer sucht Frau‹ an, und dann kommt einer und sagt ›Spielverderber‹, und da geht mir das Herz auf, weil er diesen alten Song kennt. Ich glaube, es gibt kein Ost- oder Westpublikum, es gibt einfach nur diejenigen, die sich für mich interessieren.«

Warum sie heute nicht in einem Haus am See residiert und an Statussymbolen hängt, dafür findet sie eine ganz einfache Erklärung: Im Osten ging Berühmtheit nicht immer mit Reichtümern einher. Zur Zeit ihrer größten Erfolge war Inka noch Studentin und musste einen Großteil ihres Stipendiums und ihrer Gage beim Rektor abliefern. »Wie die Höhe berechnet wurde, weiß ich nicht mehr. Bei mir waren es 210 Mark, glaube ich. Mein Direktor hat das eher kreativ gehandhabt und wir dachten, das hätte alles seine Richtigkeit. Erst als er sich wegen Unterschlagung vor Gericht verantworten musste, merkten wir, dass irgendetwas nicht stimmt. Wenn in der DDR jemand in so einer Position etwas im Namen des Staates behauptet hat, hat man das selten in Frage gestellt.« Jeder Student im Osten bekam ein Stipendium, unabhängig vom Einkommen der Eltern. »Hätte ich vier, fünf Jahre im Westen diesen Erfolg gehabt, dann hätte mich das vielleicht verdorben. Ich war total berühmt, hatte aber kaum eigenes Geld. Natürlich gab's meinen Trabbi, das war schon etwas Besonderes. Den hatte ich, damit ich überall auftreten konnte. Für den Sozialismus unterwegs. Ich bekam die gleiche schlabberige Wiener zu essen wie die Zuschauer vor der Bühne, und ich musste genauso hinter den Baum pullern wie die anderen. Nur die halbe Stunde auf der Bühne wurde man angehimmelt, aber man war immer einer von denen. Das Gefühl hat sich bei mir bis heute nicht geändert.«

»Die Puhdys waren die Könige«
Renate Heilemann war verheiratet mit Lord Ulli,
Ulrich Günther (1999 verstorben), dem Sänger der Lords

E nde der Fünfzigerjahre gründeten sechs Westberliner Schüler die Band »The Skiffle Lords«, die später zu fünft in geän-
derter Besetzung als »Lords« mit Melone, weißen Hemden,
Gamaschen und Prinz-Eisenherz-Frisur die Charts stürm-
ten. Bis 1989 durften die Lords zu ihrem Bedauern nicht
in der DDR auftreten. Als erste westliche Band spielten sie
1966 hinter dem Eisernen Vorhang in Jugoslawien und Polen. Allein in Warschau kamen damals mehr als 25 000 Fans
zum Konzert. Bei der Jubiläumstour der Puhdys im August
1989 konnten die Lords dank deren Fürsprache dabei sein. Sie
waren zwei Wochen lang mit den Puhdys und einer tsche-
chischen Band im ganzen Land unterwegs. »Die Puhdys
waren eine Vorzeigeband im Osten, die waren die Könige,
absolute Superstars in der DDR. Sie hatten alle möglichen
Privilegien.« Renate Heilemann erinnert sich, dass auch die
Lords von diesem Status profitierten. Als sie bei der Einrei-
se den Vertrag der staatlichen Künstleragentur der DDR für
ihre Tournee mit den Puhdys vorlegten, wurde auf eine Kon-
trolle von Personen und Fahrzeugen verzichtet. »Die Lords
waren in den Achtzigern im Westen ja nicht mehr so angesagt, aber im Osten wurden sie mit von den Fans gefeiert,
die bislang lediglich eine Autogrammkarte aus einer heimlich mitgebrachten ›Bravo‹ oder ein geschmuggeltes Album
der Band hatten.
Renate Heilemann weiß auch noch, dass es keinen Zwangs-
umtausch für sie gab. Die Band durfte mit den Ostmark be-

Lord Ulli (links) und Dieter »Maschine« Birr von den Puhdys auf ihrer
gemeinsamen Tour durch die DDR im August 1989. »Bei den Musikern hat die
Wiedervereinigung geklappt«, sagt Renate Heilemann.

Foto: Bert Kubik / 1989

zahlen, die sie mit ihren Auftritten in der DDR verdiente. »Mit Maschine, dem Sänger der Puhdys, und seiner Frau Sylvi waren wir von Anfang an freundschaftlich verbunden, wir konnten mit den beiden über viele Fragen, die wir zur DDR hatten, offen reden. Maschine hat das System in der DDR zwar nicht gefallen, aber er wusste, wie er sich verhalten musste, um mit seiner Band auftreten zu können.«

Nach der Wende war es schwer für Ostmusiker, auch für die vorher so angesagten Puhdys. Die Ostler wollten sie nicht mehr hören, die Westler kannten die Puhdys nicht. Das hat sich in den vergangenen 25 Jahren geändert, sagt Renate Heilemann: »Inzwischen wohnen ja überall Menschen aus dem ehemaligen Osten. Wenn ich heute in München ein Konzert der Puhdys, die inzwischen wieder in Stadien in den neuen Bundesländern spielen, besuche, dann singen 2500 Besucher wie aus einer Kehle ›Alt wie ein Baum‹. Und wenn ich mit Maschine im Osten spazieren gehe, erkennt ihn jeder auf der Straße.« Allerdings, so resümiert sie, treffe das nur für wenige Bands aus dem Osten zu. Die ehemaligen Superstars wie Frank Schöbel oder Arndt Bause, den »Ralph Siegel des Ostens«, kennt kaum einer ihrer Westfreunde.

»Wir haben uns mit Schuhcreme die Wimpern getuscht«

Antje Schendel, Tatortreinigerin

Antje Schendel könnte eine entfernte Verwandte von Heidi Klum sein. Sie sieht aus, als käme sie gerade von einer Fotoproduktion für ein Magazin oder dem Dreh eines Werbefilms für Kosmetik oder Shampoo. Blondes Haar, ebenmäßiges Gesicht, feine Züge.

Tatsächlich hat Antje Schendel vermutlich erst vor wenigen Stunden wieder in menschliche Abgründe geblickt. Sie beseitigt Spuren an Tatorten, entmüllt Messie-Wohnungen und entfernt Ungezieferbrutstätten. Und sie hasst es, wenn man ihre Modelkarriere mit dem leidenschaftlich ausgeübten Beruf als Tatortreinigerin in Zusammenhang bringt. Für sie sind das zwei Leben, von denen das eine abgeschlossen ist. »Als Model musste ich funktionieren, als Tatortreinigerin muss ich vor allem Feingefühl beweisen. Ich habe jahrelang auf der Sonnenseite gelebt und wenig von der Realität mitbekommen. Jetzt mache ich endlich etwas Sinnvolles.«

Ihre erste Begegnung mit dem Tod hatte sie als Kind, als sie durch ein geöffnetes Fenster den toten Nachbarn in seinem Bett liegen sah. Er war bereits zwei Tage zuvor gestorben und die Leiche befand sich, da es heiß war, in einem fortgeschrittenen Verwesungsstadium, Schmeißfliegen umschwirrten das Bett. »Ich war damals nicht geschockt, ich habe das einfach nur wahrgenommen.«

Immer wieder erntet sie verwunderte Blicke, wenn sie von ihrem Beruf erzählt, scheinen doch Tatorte und diese zarte Person mit dem freundlichen Gesicht einfach nicht zusammenzupassen. »Ich wusste, dass ich das kann, dass ich alles aushalte, was für Angehörige unfassbar ist. Ich kann helfen und ein wenig Trost spenden, deshalb liebe ich diesen Beruf.« Als in ihrem Bekanntenkreis ein Tatortreiniger vonnöten gewesen wäre, jemand, der die Spuren eines Verbrechens besei-

tigte, fing sie an, sich für diese Arbeit zu interessieren. Das war im Jahr 1990, als sie versuchte, sich (damals noch ohne Internet) Informationen über dieses Berufsbild zu beschaffen. »Ich dachte immer, wenn es Bestatter und Schädlingsbekämpfer gibt, dann muss es doch auch Tatortreiniger geben.« Zu diesem Zeitpunkt blieb ihre Recherche ergebnislos. Erst zehn Jahre später bekam die Idee neue Nahrung. »Im Jahr 2000 habe ich eine Reportage über eine amerikanische Firma gesehen, ›Crime Scene Cleaner‹ heißt der Beruf dort. Im Internet habe ich dann mal nach ›Tatortreiniger‹ gesucht und in Deutschland keinen einzigen Eintrag dazu gefunden. Offensichtlich hatte sich zu dieser Zeit noch keine Firma darauf spezialisiert, Tatorte und Messie-Wohnungen zu säubern.« Also hat sie beschlossen, selbst einen Geschäftszweig daraus zu machen, sie hat weiter recherchiert und sich fachlich gebildet. Zu Hause in Nordrhein-Westfalen hat sie sich ein »Labor« eingerichtet und mit verschiedenen Mitteln herumprobiert, zum Beispiel wie man Schweineblut aus Teppichen oder Holzböden entfernen kann. Und sie hat Lehrgänge besucht und sich unter anderem als »staatlich anerkannte Desinfektorin« ausbilden lassen, um Leichen- und Kadavergerüche zu beseitigen. Nicht einen Moment hat sie gezweifelt oder gezögert bei dem Gedanken an Blutspuren oder Schlimmeres. »Natürlich finde ich manche Situationen auch nicht schön, aber ich bin noch nie an meine Grenzen gestoßen. Das liegt vielleicht auch daran, dass ich schon früh einige Schicksalsschläge wegstecken musste.«
Erste bittere Erfahrungen musste sie in ihrer Kindheit machen, als sie Gelenkrheuma bekam, das eine Karriere als Kunstturnerin verhinderte. Ein Sport, den Antje leidenschaftlich ausübte, trotz der harten Trainer, die von der Nationalen Volksarmee kamen und einen harschen Umgangston pflegten. Die Methoden anwandten, die heute mehr als fragwürdig erscheinen. Zum Beispiel wurde der Handstand über einem umgedrehten Hocker geübt, sobald die Kraft nachließ, lief man Gefahr, sich an den Stuhlbeinen zu verletzen. »Das war normal im Training. Eine Bekannte hat mal

gesagt, daher hätte ich meine Einstellung: immer alles geben, gründlich sein und zuverlässig.«

Die Eltern ließen sich scheiden, als Antje Schendel 14 Jahre alt war, ihr Vater war krank und verstarb früh, später musste sie die schwere Krankheit der Mutter und des Stiefvaters erleben. Auch an die ersten Männer in ihrem Leben hat sie nicht durchweg gute Erinnerungen.

Sie redet nicht gern über die Vergangenheit, lebt im Hier und Jetzt und möchte auch lieber über ihr Leben heute sprechen. Bei der Frage, ob es in der DDR nicht passiert wäre, dass jemand sich zum Messie entwickelt, wird Antje Schendel impulsiv. »Nein, das ist Unsinn. Solche Sachen sind ja im Osten auch vorgekommen. Das liegt viel eher am Verschwinden der Mehrgenerationenhaushalte. Man lebt nicht mehr mit Großmutter, Eltern und Kindern unter einem Dach, und das ist mit ein Grund, warum Messie-Haushalte unentdeckt bleiben können.«

»Ich hatte, was in der DDR ungewöhnlich war, sehr früh eine eigene Wohnung, und wenn ich wegen Krankheit einen Tag in der Schule fehlte, wurde sofort jemand zu mir nach Hause geschickt, der überprüfte, ob ich auch wirklich krank war. Das hat man auch bei Mitarbeitern so gemacht, aber der kranke Kollege wurde ja im Osten nicht deshalb besucht, weil man besorgt war! Das war eine Pflicht. Dieser Kontrollmechanismus hat in der DDR ganz extrem funktioniert.«

Als sie vom Leben in der DDR spricht, klingt es, als würde sich langsam etwas Luft machen, das in ihrem Inneren brodelt. »Als Invalidenrentner durfte mein Vater zwei oder drei Mal im Jahr nach Westberlin fahren. Wir hatten dort Verwandtschaft und haben natürlich mitbekommen, wie zum Beispiel Briefe abgefangen wurden.« Das System der DDR macht Antje Schendel heute noch wütend. Ihr Vater weigerte sich, zu den Wahlen zu gehen, in den Westen umzusiedeln kam aber für die Familie auch nicht in Frage. Zu groß schien ihnen die damit verbundene wirtschaftliche Unsicherheit. »Ich wollte Modedesign studieren und das ist mir verwehrt worden, weil ich mich geweigert habe, in die Freie Deutsche

Jugend einzutreten. Und später in die Partei. Das hat man mich extrem spüren lassen.«

Nach der Schule entschied sich Antje Schendel zunächst dazu, eine Lehre als Informatikerin anzutreten. »Lustig, wenn man sich zurückerinnert, die Spiele für den Computer hatten wir noch auf Kassetten.« Das Lachen der attraktiven 40-Jährigen erstickt allerdings, wenn sie an die persönlichen Folgen der Wende denkt. »Ich war fast fertig mit der Ausbildung, als die Mauer fiel. Da wurde von Regierungsseite be-

Antje Schendel hat mit ihrem früheren Leben in der DDR abgeschlossen. Es gibt keine Fotoalben, kein gerahmtes Zurückdenken an damals. Eine besondere Erinnerung aber ist mit dem Duft der DDR-Kosmetikserie »Action« verbunden. Im Intershop konnte man auch Deodorants und Cremes aus dem Westen kaufen, diese Produkte waren aber für die Jugendlichen viel zu teuer. Ohne glitzernde und aufwändige Verpackungen brachte die Firma Florena in den 1980ern die Serie auf den Markt und traf auch mit der pink-schwarzen Optik den Geschmack der jungen Generation. Neben Seife, Haar- und Deospray waren Lippenstifte, Nagellack und Gesichtspuder im Sortiment. Das war neu, denn bislang hatten Drogerien vor allem Produkte zur Körperpflege im Angebot. Die Action-Serie sollte der Jugend zeigen: Womit der Westen wirbt, das gibt es vergleichbar auch im Osten. Etwas über elf DDR-Mark kostete das Deospray, die Seife gut zwei DDR-Mark.

In der zweiten Hälfte der 1980er-Jahre roch beinahe jeder junge Mensch nach »Action«, sofern er nicht das Pech hatte, dass das Spray in seiner Drogerie gerade vergriffen war, weil die hergestellten Stückzahlen für den Bedarf wieder einmal nicht ausreichten. Im Fernsehen warb man mit den Worten »Die Deokomposition für junge Leute, sympathisch, belebend, zuverlässig« für das neue Deodorant. Wöchentlich pilgerten die Jugendlichen ins örtliche Kosmetikgeschäft, um zu sehen, ob es neue Lippenstifte, Wimperntusche oder Haarsprays gab. Der Lipgloss hatte die Konsistenz von Honig, das Haarspray ließ sich beim besten Willen nicht auskämmen, doch die Verpackung aus dem VEB Florena Waldheim-Döbeln galt als todschick und modern. »Wenn ich etwas ähnlich Süßliches wie das Action-Deo rieche, erinnere ich mich sofort an diese Zeit im Osten zurück.«

Foto: www.geschichte-entdecken.com,
Mike Burkhardt

schlossen, dass die Lehre um ein Jahr verlängert wird, damit sie auch in der Bundesrepublik Gültigkeit hat. Also haben wir ein Jahr länger gelernt und mussten dann damit leben, dass die Zusatzausbildung doch nicht anerkannt wurde. Da war ich wieder bei null.« Leichte Bitterkeit klingt mit bei dieser Erinnerung.

Noch heute schwingt Hass mit, wenn Antje Schendel daran denkt, welches Zwei-Klassen-System die DDR praktizierte. Der Staat bestimmte darüber, wer Abitur machen durfte, wer zu welchem Studiengang zugelassen wurde und wer welchen Wohnraum zugeteilt bekam. »Irgendein Arzt hat mal zu meinem Vater gesagt, er könne ja in den Westen fahren und sich da die Tabletten besorgen. Dann müsse er auch nicht mehr 3 x 20 nehmen, sondern 3 x 2 Tabletten würden ausreichen, wegen der besseren Qualität. Man wurde alleingelassen, vor allem wenn man nicht mit dem System mitgegangen ist.«

Trotz dieser Erfahrungen war es für sie keine Erleichterung, als die Mauer fiel. »Man wusste ja gar nicht, was passiert. Wird die Grenze wieder zugemacht, bleibt das so? Das war

ein Hoch und Runter. Meine Mutter war zu dem Zeitpunkt im Krankenhaus. Ich wusste nicht, soll ich rübergehen? Soll ich im Osten bleiben? Ich hatte meine eigene Wohnung, ich hatte einen sicheren Job als Model. Da stellte sich schon die Frage: Was mache ich jetzt? Es hat bestimmt zwei Jahre gedauert, bis ich mir sicher war.« Viele aus ihrem Bekanntenkreis waren gleich nach der Wende ausgereist und hatten Angst, die Mauer würde bald wieder geschlossen werden. Aber Antje wollte bleiben.

Allerdings nicht, weil sie das Gefühl hatte, dass im Osten alles besser war. Zum Beispiel kann die gebürtige Berlinerin die vielgepriesene Emanzipiertheit der Ostfrau nicht nachvollziehen. So wie sie es sich nach der Wende aussuchen konnte, als Tatortreinigerin zu arbeiten, hätte sie es sich auch zu DDR-Zeiten gewünscht. »Manche Berufe waren nahezu nur für Männer vorgesehen. Führungspositionen in der Politik oder Wirtschaft waren fast immer Männersache. Selbstständig machen durfte man sich – wenn überhaupt – nur in ganz wenigen Bereichen. Meine Mutter war Floristin, sie hat ihren Beruf geliebt, aber ich glaube nicht, dass sie selbstständige Ingenieurin hätte werden können. Oder Architektin.«

Antje Schendel reiste als Model nach der Wende durch die Welt. 1994 ist sie nach England übersiedelt, sie hat in Frankreich und Holland gelebt und kann sich kaum noch erinnern, in wie vielen Hotelbetten sie übernachtet hat. Als alleinerziehende Mutter hat sie ihre kleine Tochter Angélique, ein pflegeleichtes Baby, kurzerhand mit an die Sets genommen, an denen eine Nanny die Kleine betreute. Sie hat immer alles gegeben und bis an die Grenzen ihrer Belastbarkeit gearbeitet. Vielleicht mag sie deshalb die Ostalgie vieler Landsleute nicht nachvollziehen, wenngleich sie beispielsweise die Betreuung der Kinder zu DDR-Zeiten besser geregelt fand. »In Berlin haben sie das Krippensystem nach der Wende übernommen, aber jedes Bundesland handhabt das unterschiedlich, und hier in NRW hat man das Gefühl, es liegt bei der Kinderbetreuung um hundert Jahre hinter Berlin zurück. Wenn man, wie ich, voll berufstätig ist und keine Familie im

Hintergrund hat, dann hat man echt ein Problem. Die Öffnungszeiten der Kindergärten sind eine Zumutung. Hier bei uns auf dem Land bekommt man wenigstens noch einen Betreuungsplatz, in Städten wie Essen sieht das schon ganz anders aus.«

Mit ihren beiden Töchtern spricht sie nie über das Leben in der DDR, ihr Sohn ist ohnehin noch zu klein. Angélique ist 1993 geboren, Emily-Lou 2010, im November 2013 kam Felix Maximilian. Sie ist der Meinung, dass sie mit ihnen nicht über ein System reden muss und will, mit dem sie nicht einverstanden war. Dennoch gibt es Verbindungen in den Osten. »Ich habe übers Internet noch Kontakt zu meinen ehemaligen Schulkameraden. Zum Teil sind sie im Osten geblieben. Ossis pflegen Schulfreundschaften sicher mehr, weil sich vieles in der Gemeinschaft abspielte, in Jugendclubs beispielsweise. Daran erinnert man sich natürlich gerne und hält die Verbindung.«

Ab und an tauchen urplötzlich Erinnerungen auf, zum Beispiel, als sie vor einer Fernsehsendung in der Maske auf eine Moderatorin traf, die auch aus dem Osten stammte, und die beiden ins Plaudern gerieten. »Man ertappt sich dabei, wie man sich an Gemeinsamkeiten erinnert. Über einiges kann man nur mit Ossis sprechen, weil nur die das kennen. Zum Beispiel habe ich mich mit ihr über Kosmetik unterhalten. Ich habe im Internet eine Seite mit alten Ostprodukten entdeckt. In der DDR gab es ja nicht viele Kosmetiklinien, zwei, drei nur. Eine davon richtete sich an junge Leute und hieß Action, die Verpackungen waren rosa mit einem schwarzen Gitter drauf. Eigentlich hat das Zeug total gestunken, aber es war etwas Neues. Wir hatten nicht viel Geld, eine Mascara konnte ich mir nicht leisten. Und da waren wir eben erfinderisch und haben uns mit Schuhcreme die Wimpern getuscht.«

Der Erfindungsreichtum und die Gabe zur Improvisation helfen der Tatortreinigerin noch heute in ihrem Berufsleben. »Absolut. Das war auch der Grund, warum viele Westhandwerksbetriebe nach der Wende so viele Ossis genommen haben. Weil die eben gelernt haben zu improvisieren, sobald ein Problem auftritt.«

Sie hat mit dem Modeln aufgehört, als sie keine Lust mehr hatte, »auf die Figur zu achten«. Da war sie noch nicht einmal 30. Trauer, Ekel und Lebensgeheimnisse gehören nun zu ihrem Alltag. Von Traumjob kann man da kaum sprechen, aber nachvollziehen, dass es einem ein gutes Gefühl gibt, wenn man Menschen in grauenvollen Situationen helfen kann.

»Wir sind mit so einer Freude in diese Einheit gegangen«
Knut Elstermann, Kinokritiker

Knut Elstermann ist der King. Die Kollegen beim Radio nennen ihn den »Kino-King-Knut«, wenn er einmal wöchentlich auf radioeins vom rbb die neu angelaufenen Kinofilme vorstellt. In der DDR hat er Journalistik studiert, in der Nachrichtenredaktion der Tageszeitung ›Neues Deutschland‹ und bei der Kinozeitschrift ›Filmspiegel‹ gearbeitet. Bis 1991 moderierte er beim Jugendradio DT64, später beim ORB. Elstermann wurde 1960 in Ostberlin geboren, aufgewachsen ist er im Bezirk Prenzlauer Berg und lebt auch heute noch mit seiner Frau im Osten Berlins. Die Kinder sind inzwischen ausgezogen. Im Kollegenkreis gilt Knut als außerordentlich freundlich und umgänglich. Er nimmt sich Zeit für Gespräche, bringt auch mal einen Kaffee mit und verteilt charmante Komplimente und Küsschen bei den Damen, wenn er in den Sender kommt.

Der rbb (Rundfunk Berlin Brandenburg) entstand am 1. Mai 2003 aus dem Zusammenschluss von ORB (Ostdeutscher Rundfunk Brandenburg) und SFB (Sender Freies Berlin), zum ersten Mal in der Rundfunkgeschichte mit einer Frau an der Spitze – einer Frau aus dem Westen. Gerade hier in den Redaktionen, in denen Kollegen aus der ehemaligen DDR täglich mit Westlern zusammentreffen, haben die Diskussionen um Ossi- und Wessieigenheiten noch lange nicht aufgehört.

Neben seiner Tätigkeit als Kinokritiker hat sich Knut Elstermann einen Namen als Autor gemacht. In ›Gerdas Schweigen‹ schildert er das Leben einer Auschwitz-Überlebenden, er schrieb über die Geschichte des Kinos, über das »Graue Kloster«, die älteste Schule Berlins, und über DEFA-Filmkinder, hat sich also auch in seinen Büchern mit seiner DDR-Vergangenheit auseinandergesetzt. Als Kollege geht er keiner Diskussion über die Benachteiligung seiner Landsleute aus dem Weg und kann sich in geradezu atemlose Wut hineinsteigern, wenn er Ungerechtigkeiten und Diskriminierung wittert. Er nimmt sich gern die Zeit, Dinge zu erklären, die in seinen Augen immer wieder zu Differenzen mit Wessis führen.

Wir sind in einem lauschigen Café am Schiffbauerdamm am rechten Spreeufer verabredet. Im ehemaligen Osten der Stadt, unweit von Regierungsgebäuden und Redaktionszentren der Fernsehanstalten, haben die Betreiber mit bunt zusammengewürfelten Stühlen, Sofas und Tischen versucht, eine Art Wohnzimmeratmosphäre zu schaffen. Hier drinnen erinnert alles an einen gemütlichen Ostkaffeeklatsch und steht in krassem Gegensatz zum modernen Westambiente vor der Tür.

Knut Elstermann hat diesen Ort ausgesucht und steht auch dazu, dass er sich ganz bewusst nur im Osten der Stadt nach einer neuen Wohnung umgesehen hat. Es gefällt ihm auch im Westen, aber leben möchte er lieber hier, weil er sich auskennt, sich zu Hause fühlt. Keineswegs, so beteuert er, verweigere er sich dem Westen der Stadt, wie manche Kollegen, die nicht einmal im Westen essen gehen, weil es ihnen dort unheimlich ist. Manche Ecken von Kreuzberg etwa mag er sehr. Und er genießt es seit den Tagen der Maueröffnung, die gesamte Stadt mit all ihren Besonderheiten und Eigenheiten für sich zu entdecken.

Noch bevor das Thema »Erklär mir die Ossis« zwischen uns zur Sprache kommt, regt sich Knut Elstermann zum ersten Mal über Westdeutsche auf. Zwei Männer am Nebentisch werden von ihm sofort im Westen verortet: »Die beiden da drüben, die sich so laut unterhalten, das kann ich dir gleich sagen, das sind Wessis. Kommen hier herein und quatschen in einer Lautstärke, als hätten sie der Welt wirklich Wichtiges zu erzählen. Dabei unterhalten die sich nur über Vollbärte! Pah. Nicht zu fassen.«

Dass lautes Sprechen in Restaurants vielleicht mehr mit schlechter Erziehung als mit Ost- oder Westherkunft zu tun hat, entkräftet er mit privater Demoskopie. Aber lässt sich denn wirklich bereits anhand der Lautstärke eines Gesprächs erkennen, ob jemand in Cottbus oder Hamburg geboren wurde?

Knut bezeichnet es als Sport herauszufinden, ob jemand aus Ost oder West kommt, und verzeichnet dabei eine hohe Trefferquote. Sein »Partyverhalten« sei typisch ostdeutsch. In Runden mit ihm unbekannten Menschen erzählt er gern von sich und seinem Leben im Osten damals und heute. Gleichzeitig ist es ihm wichtig, Interesse am anderen zu signalisieren. Doch zu einem echten Austausch kommt es in der Regel nicht: »Ich offenbare etwas von mir, was ja nicht immer leichtfällt. Da erwarte ich, dass mein Gegenüber mir von diesem Vertrauen und dieser Neugier etwas zurückgibt, das geschieht aber nicht.« Er lacht, dabei findet er solche Situationen gar nicht witzig.

Seiner Ansicht nach ist einer der großen Unterschiede beim Kennenlernen, dass ein Wessi zunächst über seinen Status spricht. »Der erzählt erst einmal von seinen tollen Erfolgen, Auslandsreisen, welche Preise er bekommen hat und dass alle das ganz super fanden. Auch wenn er nur einen Dreiminutenbeitrag für ›Brisant‹ gemacht hat!« Knut Elstermann zieht verächtlich die Augenbrauen hoch. »Ein Ossi würde sich nun erkundigen: ›Und was machst du so?‹ Aber da kommt nichts bei denen aus dem Westen. *Gar nichts!*« Immer wieder habe er versucht, diesem Verhalten auf den Grund zu gehen, und sehr abweichende Antworten erhalten, von »Nach persönlichen Dingen zu fragen ist sehr indiskret und deshalb machen wir Westler das nicht« bis hin zu »Wir wollen niemanden bedrängen«.

Er unterbricht seinen Gedankengang nur ungern, lässt aber eine Vermutung zu: Ist diese Aufgeschlossenheit, das Reden über sehr private Dinge bei einer ersten Begegnung womöglich eher eine Charaktereigenschaft als ein Ost-West-Unterschied?

Die Kellnerin kommt an den Tisch, fragt nach unseren Wünschen und Knut Elstermann bestellt einen »ganz normalen schwarzen Kaffee«. Seinen Wunsch äußert er sehr deutlich, als habe er den Verdacht, dass man sich im touristisch unterwanderten Gebiet an der Spree unter Chai-Latte-to-go-Bestellern für einen gewöhnlichen Bohnenkaffee rechtfertigen müsse.

Knut Elstermann kann durch die Decke gehen, wenn jemand ihm mit dem Satz »Ach, du bist ein Ossi? Hätte ich gar nicht gedacht« scheinbar ein Kompliment macht und ihn dabei, so empfindet er es, doch nur diskriminiert. Aber er hat keine eindeutige Antwort auf die Frage, warum das so ist. Ein Gefühl von Ungerechtigkeit? Ein Sonderstatus, den er nie wollte, oder die Titulierung »Ossi« als solche – was genau ist es, das ihn stört? Für die Differenzen im Umgang zwischen Ost und West findet er einen Erklärungsansatz in der unterschiedlichen Sozialisation. »Dieses wirklich extreme Selbstbewusstsein, das Menschen im Westen einfach haben, führt manchmal zu einer gewissen Herablassung uns gegenüber, die wir anders auftreten, anders sprechen, anders denken, anders fühlen.«

Er wird still und fast ein wenig wehmütig, als er sich erinnert: »Wir sind mit so einer Freude in diese Einheit gegangen, mit einem Gefühl von Reichtum: Wir haben ein System überstanden – der eine besser, der andere schlechter –, wir haben gesehen, wie es zusammenkrachen kann, und jetzt gehen wir in etwas Neues. So war das. Wir haben gedacht, dass diese Erfahrung uns bereichert.«

Im täglichen Leben mit und in dem System hätten sich nur wenige wirklich heldenhaft verhalten, aber man sei sich 1989 im Osten seiner eigenen Schwächen bewusst gewesen. Er spricht von einer sehr großen Enttäuschung nach der Wende. »Die Westler haben sich bestimmt gefragt: Warum soll ich mich näher damit auseinandersetzen, was während der Diktatur im Osten abgelaufen ist? Was interessiert mich das eigentlich? Die sind wohlverdient mit und an diesem System gescheitert.«

Der Kaffee wird gebracht, Knut Elstermann nimmt einen hastigen Schluck, und dann ist da völlig unvermittelt wieder diese ungebremste Wut, die man fast greifen kann, wenn er sein Unverständnis darüber äußert, dass ein prominenter westdeutscher Filmkritiker unter den 100 besten deutschen Filmen nicht einen einzigen DEFA-Film genannt hat. Er schiebt es wieder auf die gleichgültige Haltung denen gegenüber, von denen man getrennt war. »Aber ich habe mich ja auch geändert und Neues dazugelernt und denke anders über viele Dinge, darf man das nicht auch von den Menschen aus dem Westen erwarten?« Er schlägt mit der flachen Hand auf den Holztisch. Aber eher vorsichtig als unkontrolliert. Fast schon resigniert klingt er jetzt. Und traurig. Seine Gedanken springen von dem Desinteresse der Westdeutschen zu seiner Enttäuschung über die Entwicklung, die die DDR nahm.

»Ich war schon zu DDR-Zeiten Journalist, ich habe den Staat auch damals schon kritisch gesehen, aber immer an seine Reformierbarkeit geglaubt.« Knut hat mit der Hoffnung gelebt, in seinem Beruf die Möglichkeit zum Reisen zu erhalten, sein Fernweh ausleben zu können. Nach der Wende haben er und Kollegen sich kritisch mit allen Vorwürfen gegen die DDR auseinandergesetzt. Natürlich hat er sich auch gefragt, warum er so oft stillschweigendes Mitglied dieses Systems war. »Warum haben wir all die Jahre wider besseres Wissen mitgemacht und das Maul gehalten?« Für ihn gibt es nicht einen Grund, die DDR im Rückblick mit verklärten Augen zu sehen, etwas zu beschönigen. »Diese ständige Vergleicheritis, was war damals, was ist heute, ist eine Krankheit und der schlimmste Fehler der Ossis.«

Sein Sohn, nach der Wende geboren, hat ihn mit der Frage konfrontiert, warum er nicht versucht hat über die Mauer zu kommen, um ein ganz anderes Leben im Westen zu führen. Er wollte wissen, wieso sein Vater sich nicht gegen das System aufgelehnt hat. Doch selbst nach 25 Jahren hat Knut Elstermann auf diese Fragen keine Antworten.

Knut Elstermann nimmt den Druck von außen wahr, die Einordnung der Medien in Ost und West, die ständige Betonung der Herkunft aus dem Osten. »Die Zeitungen schreiben, dass der Intendant der Berliner Festspiele drei Jahre in der Armee im Osten war – wie konnte er nur? Da frage ich mich, muss man das nach all den Jahren noch thematisieren?« Natürlich erwartet Knut Elstermann keine Antwort. Schon oft hat er mit Wessis über solche Fragen diskutiert und auch bei sich selbst festgefahrene Meinungen erlebt. »Die Menschen im Westen sind viel individualistischer, viel mehr auf sich konzentriert. Auch wenn das nach einem Klischee klingt. Natürlich kann man den Kollektivgeist kritisch sehen, trotzdem waren die Menschen im Osten etwas aufgeschlossener und mehr an der Gemeinschaft orientiert.« Knut Elstermann bemüht sich zu betonen, dass er viele Freunde aus dem Westen hat, die Westkollegen schätzt und seine Aussagen nicht für alle Wessis gelten. Andererseits ärgert gerade er sich immer wieder öffentlich darüber, dass vor allem Wessis die Jobs in den Chefetagen besetzen. »Das finden alle offenbar völlig selbstverständlich, genauso wie die Tatsache, dass im Osten immer noch weniger verdient wird. Das regt niemanden auf.« Kann es vielleicht sein, dass die Westdeutschen einfach besser qualifiziert sind? Eine berechtigte Frage, findet Elstermann und wird gleich darauf zornig. »Dieses Land ist bekanntlich sozial kaum durchlässig. Das alte sozialdemokratische Ideal, dass auch der Sohn der Putzfrau studieren kann, ist absolut nicht verwirklicht. Dieses Kastensystem gilt auch in Bezug auf die Ossis. Und jetzt komm mir nicht mit Frau Merkel.«

Fasching wurde in Ost und West gefeiert. Und auch in der DDR verkleideten sich die Kinder am liebsten als Cowboy, Indianer oder Prinzessin.
Knut Elstermann hatte die Wahl, seine Oma war Schneiderin und nähte für ihn das jeweilige Wunschkostüm, auch wenn es noch so ausgefallen war. »Das muss um 1966 gewesen sein. Warum ich mich unbedingt als Eulenspiegel verkleiden wollte, weiß ich nicht mehr. Aber die Botschaft dieser Figur ist doch toll: Nach außen hin der Narr, aber eigentlich seinen Mitmenschen an Witz und Klarheit überlegen.« Die Abenteuer des Till Eulenspiegel wurden in über 280 Sprachen übersetzt, und in der DDR war der Narr so populär, dass 1973/74 der Kinofilm ›Till Eulenspiegel‹ gedreht wurde, in dem er den Mächtigen den Spiegel vorhält und dem einfachen Volk so die Augen öffnet.

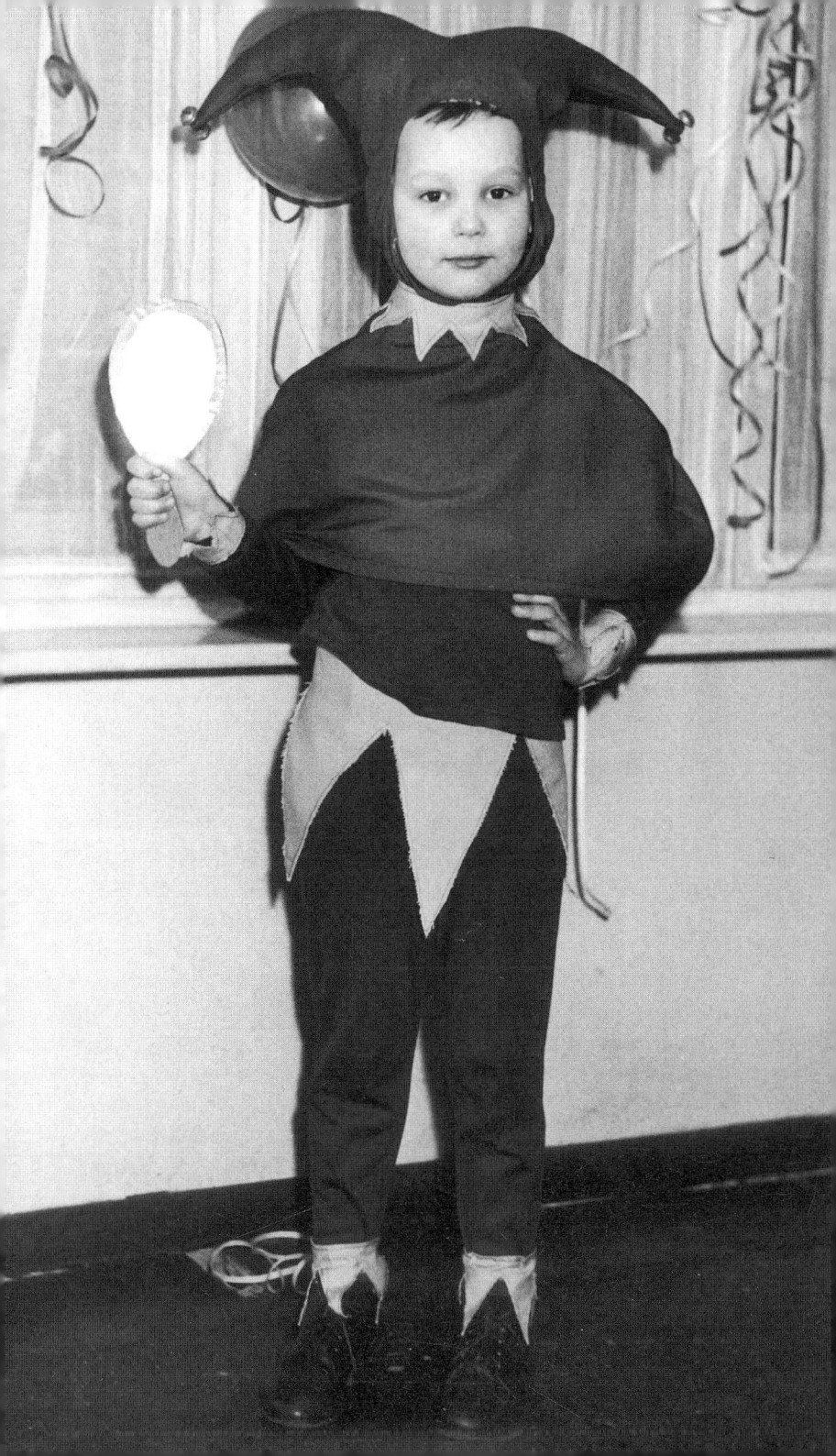

Bei den letzten Worten ist er auf seinem Stuhl immer weiter nach vorn gerückt, er spricht schneller, macht weniger Pausen, als habe er Angst, dass die Zeit nicht reicht, um alle seine Sorgen unterzubringen. An den Universitäten, erinnert er sich, war die Freude zunächst groß, als die Mauer fiel. Hoffnungsvoll setzte man auf die Professoren aus dem Westen, die die Dogmatiker ersetzten. »Dass die alle ihre Leute mitbringen, ihre Assistenten, dass der gesamte akademische Mittelbau der DDR weggebrochen ist, war nicht vorhersehbar. Das war eine Riesenenttäuschung. Und das gilt für alle Bereiche. Faktisch wurden Ossis Chancen verwehrt. Damit meine ich nicht mich. Ich liebe meine Arbeit und meinen Status als freier Journalist. Aber Professoren, Botschafter, Generäle, Chefs in den Goethe-Instituten – das sind nach wie vor fast alles Wessis, auch dadurch hat der Osten natürlich manchmal das Gefühl, fremdbestimmt zu sein.«

Knut Elstermann sprudelt nun über vor Gedanken, Erinnerungen und schlechten Erfahrungen, über die er reden möchte. »Ich bin kein Ost-Nostalgiker, das finde ich furchtbar. Und wenn ich doch manchmal einen Anfall bekomme, dann denke ich an schlimme Schicksale wie das der Filmemacherin Sybille Schönemann, die ein Jahr im Gefängnis gesessen hat und ihre Kinder nicht sehen durfte, nur weil sie einen Ausreiseantrag gestellt hatte.« Aber Knut legt Wert darauf, dass auch seine Erfahrungen, seine Erlebnisse, seine Bildung anerkannt werden. Er möchte nicht anders als einer aus dem Westen behandelt werden. »Was ich mir in den vergangenen Jahren alles anhören musste ...« Knut Elstermann klingt nun fast verzweifelt: »Wie oft habe ich erlebt, dass die Wessis bei der Arbeit zu mir sagten: ›Typisch Ossi, kennt nichts, weiß nichts, jammert nur rum.‹ Und wenn man nicht jammert, sondern erfolgreich ist, und wie ich zum Beispiel Marketing macht für sein eigenes Buch, dann ist es auch nicht richtig: ›Wendehals, du hast es ja schnell begriffen, wie das hier funktioniert mit dem Geldverdienen.‹ Dazwischen gibt es nichts.«

Knut Elstermann findet es traurig, dass er bis heute das Gefühl hat, sich erklären zu müssen. Er bedauert, dass die Erinnerungen an die Zeit vor der Wende nach und nach verblassen, weil viele Westdeutsche sich nicht dafür interessieren und es einigen jungen Menschen nichts mehr bedeutet, die ersten Jahre ihres Lebens in einem Land großgeworden zu sein, das es nicht mehr gibt. Dadurch sei vieles, angefangen von der Warenwelt bis zur Wohnsituation, bereits so gut wie vergessen. Über das, was durchaus positiv war am System wird seiner Meinung nach zu wenig gesprochen. »Wenn in der DDR zum Beispiel jemand Alkoholiker war und drei Tage nicht zur Arbeit kam, hat einer aus dem Kollektiv nachgeschaut, wie es dem geht. Das sind so Punkte, über die sollte man, ohne die DDR zu beschönigen, mal nachdenken. Welche sozialistischen Ansätze gab es – ich würde nur von Ansätzen reden. Man sollte nicht alles wegwischen und sagen: Das war eine Diktatur, alles scheiße.« Er wischt mit der Hand über den Tisch, fegt nicht vorhandene Krümel weg und klingt erleichtert, als er dennoch zu diesem Fazit kommt: »Ich will das nie wieder haben und ich bin auch für meine Kinder froh. Froh, dass ich nach langen Unterhaltungen nicht sagen muss: Aber das bleibt hier in der Wohnung, nichts davon morgen in der Schule erzählen. Das war so in der DDR und das ist doch demütigend für Eltern.«

Knut Elstermann teilt ungefiltert all seine Gedanken mit und lebt das, was er den Westlern vorwirft, nicht zu tun, vor: Fragen stellen und Antworten suchen, auch nach 25 Jahren Einheit. Und warum streiten wir uns immer noch nach dieser langen Zeit? Knut Elstermann denkt lange nach, bevor er leise antwortet: »Wenn sie in einer Fernsehtalkrunde über Ganztags-Kinderbetreuung reden, wird eher ein katholischer Geistlicher eingeladen als eine Kindergärtnerin oder eine Mutter aus der früheren DDR, die über Vor- und Nachteile aus eigener Erfahrung berichten könnte. Diese kulturelle Hegemonie ist es vielleicht: Sie reden im besten Fall über uns und nicht mit uns.«

»Eigentlich war ich immer die Ausnahmeerscheinung zwischen all den Ossis«
Anke Leweke, Filmkritikerin und Jurymitglied der Berlinale

Anke Leweke kam 1983 nach Berlin, damals war sie 23 Jahre alt und arbeitete zunächst für den ›Kunstrausch‹ beim links-alternativen, selbst verwalteten Radiosender Radio 100. Der Sender machte pleite und die Journalistin wechselte zum noch bestehenden Jugendprogramm des DDR-Rundfunks DT64 in Oberschöneweide, einem sehr professionell arbeitenden Sender mit sehr gut ausgebildeten Kollegen. »Da war ich als Wessi eher die Ausnahmeerscheinung, nur eine Handvoll Westler arbeiteten da.« Während Anke Leweke als Neuling in diesem Beruf vieles lernen musste, betraten die Journalismus-Profis aus dem Osten Neuland bei Pressevorführungen mit all den internationalen Filmen. Das ergänzte sich. Man ging gemeinsam in die Kinos und reiste bald auch gemeinsam zu den internationalen Festivals. »Als ich mit Knut Elstermann zum ersten Mal zusammen in Cannes beim Filmfestival war, war irgendetwas mit unserer Akkreditierung falsch gelaufen. Dann haben wir den ›Ostbonus‹ spielen lassen und plötzlich kamen wir in alle Vorstellungen.« Über die eigene Vergangenheit habe man wenig geredet, erinnert sich Leweke. Das habe sich erst viele Jahre später geändert. In diesen ersten Jahren nach der Wende wollten alle einfach nur beruflich weiter Fuß fassen und von der Leidenschaft zum Kino leben. »Ich muss gestehen, dass ich die DDR als Filmland vorher kaum wahrgenommen habe. Klar kannten wir Filmjournalisten aus dem Westen das europäische Kino von Eisenstein bis Tarkowski, aber die DDR war schon eher ein böhmisches Dorf.« Dass Katharina Thalbach und Manfred Krug aus dem Osten kamen, wusste sie natürlich, hatte die Inszenierungen von Thalbach auch immer vor diesem Hintergrund gesehen.
Bei der Berlinale 1990 gab es dann die Möglichkeit, dieses

Versäumnis nachzuholen und Bildungslücken zu schließen. »Im Forum wurden die in der DDR verbotenen Filme gezeigt, und ich habe begriffen, dass die DEFA durchaus ein Studiosystem hatte und dass die handwerkliche Seite des Filmens viel mehr gepflegt wurde als im Westen. Spannend war auch, die unterschiedlichen Stile im Schauspiel zu entdecken und eine andere Art der Filmsprache, weil man in der DDR wegen der Zensur ja nicht alles direkt aussprechen oder zeigen konnte. Die Kollegen aus dem Osten haben damals aber gar nicht auf ihre besondere Filmgeschichte gepocht, sondern erst mal genossen, dass sie die amerikanischen Blockbuster und das internationale Autorenkino gucken konnten.« Sie freut sich, dass die jüngeren DDR-Regisseure heute zu einer größeren Vielfalt des deutschen Films beigetragen haben. »Andreas Dresen zum Beispiel, der seine Ausbildung noch in der DDR gemacht hat, hat sich bis heute einen ganz besonderen Blick bewahrt. Ich finde, man sieht seinen Filmen seine Herkunft an, seine Figuren erzählen, dass sie eine andere Vergangenheit haben als wir.«

Heute redet sie mit Kollegen aus dem Osten viel über das Filmschaffen in Ost und West, über Schauspieler und DEFA-Filme. »Aber bis heute sitzen die Ossis im Kino bei den Pressevorführungen in einer Gruppe zusammen und die Wessis verteilen sich auf den übrigen Plätzen.«

»Ich stehe zwischen Ost und West«
Sandra Cegla, Polizistin

Sandra Cegla war elf Jahre alt, als die Mauer fiel. Und sie war zu diesem Zeitpunkt schon länger Wessi als Ossi. Ihre Eltern hatten Dresden mit einem genehmigten Ausreiseantrag verlassen, als sie vier, ihr Bruder ein halbes Jahr alt war. »Ich war zwar noch klein, aber ich erinnere mich noch ganz genau an den Mauerfall, wir haben im Westen ziemlich nah am Grenzstreifen gewohnt und meine Mutter hat mich nachts geweckt und gesagt, die Mauer ist offen, es gibt ein großes Lagerfeuer, da gehen wir jetzt hin.«

Wenngleich die attraktive Frau mit den hellblonden Haaren im Westen großgeworden ist, hat sie über ihre Eltern eine gewisse Ostprägung mitbekommen. »Meine Eltern haben mir natürlich ihre Werte vermittelt.« Vor allem die Frauen in ihrer Familie, die sie als sehr starke, selbstbestimmte Persönlichkeiten empfindet, haben ihr Leben mehr beeinflusst als das Westberliner Umfeld. »Die haben immer ›ihren Mann gestanden‹, haben ihr eigenes Geld verdient, Karriere gemacht und sich nicht auf einen Mann verlassen.« Das erlebt Sandra Cegla auch bei anderen Frauen mit Ostsozialisation, und das verbindet. Ihrer Erfahrung nach sind die Frauen aus dem Osten und deren Kinder selbstständiger und unabhängiger.

Die unterschiedlich vermittelten Rollenbilder haben in ihrer Ehe zu Schwierigkeiten und Meinungsverschiedenheiten geführt. So war ihr Mann, ein Westberliner, von dem sie längst geschieden ist, der Ansicht, Sandra müsse nach dem Abitur nicht auch noch studieren oder einen Beruf erlernen, sie könne doch zu Hause bei ihrem Sohn bleiben. 21 war sie bei ihrer Heirat, das Kind war schon aus dem Krabbelalter raus. Noch heute wird die zarte Person wild, wenn sie daran zurückdenkt. »Da konnte ich nur lachen, das war nicht mein Lebenskonzept, kam für mich überhaupt nicht in Frage.«

114

Schon als 19-jährige Mutter sind ihr die Unterschiede zwischen Ost und West sehr deutlich aufgefallen. In Berlin erntete sie mitleidige Blicke, während sie bei Verwandtschaftsbesuchen in Dresden erlebte, dass viele Frauen in ihrem Alter einen Kinderwagen schoben, »da war das ganz normal«. Die Mütter in den Berliner Krabbelgruppen, die sie kennenlernte, waren alle deutlich älter und alle deutlich anderer Ansicht, was die Lebensplanung anging. Erst einmal zu Hause bleiben, gerne fünf Jahre oder länger, und dann in Ruhe weiter planen, für Sandra Cegla ein Alptraum. »Manche Westfrauen dachten natürlich ähnlich wie ich, aber eben nur ähnlich. Es gibt doch feine Nuancen und Unterscheidungen. Beziehungen im Osten zum Beispiel empfinde ich als weniger symbiotisch, jeder behält neben dem ›Wir‹ ein Stück ›Ich‹ für sich. man macht nicht so viel gemeinsam. Unabhängigkeit spielt für mich eine große Rolle.«

In ihrer Familie haben die Frauen Ost-typisch früh Kinder bekommen, jung geheiratet. Um eine eigene Wohnung beziehen zu können, nicht weil es der innigste Wunsch gewesen wäre. »Meine Mutter wurde oft ausgebremst in der DDR, viele Chancen wurden ihr einfach vorenthalten. Meine Eltern sind auch deshalb aus Dresden weggegangen, weil man seine Meinung nicht frei äußern durfte. Meine Mutter wollte, dass sich ihre Kinder nicht so verbiegen müssen und freier leben können. Ich bin meinen Eltern wirklich sehr, sehr dankbar, dass ich im Westen aufwachsen durfte.«

Von ihrer Kindheit in Dresden weiß Sandra Cegla nicht mehr viel. Sie hat dunkle Erinnerungen an eine sehr lange Bahnfahrt in den Westen, bei der sie die unausgesprochene Angst der Eltern spürte. Später an Gefühle des Fremdseins, des Andersseins, als im Kindergarten alle lachten, weil sie einige Wörter anders aussprach als die Berliner. »Als Fünfjährige habe ich beschlossen, nie wieder zu sagen, wo ich herkomme.« Sie hatte Sehnsucht nach den Großeltern, die in Dresden geblieben waren. »Ich bin sehr stark geprägt durch meine Familie. Ich liebe Dresden, die Menschen sind dort viel sozialer, zugewandter. Wenn ich mich da mal verfahre und anhalte, kommt gleich jemand, der helfen will. In Berlin wird man höchstens angeraunzt, dass man im Weg steht. Das ist eine andere Atmosphäre, vielleicht sogar eine andere Mentalität.« Bis heute besteht ein großer Zusammenhalt in der Familie, der einst auch aus Opposition zum Staat entstanden ist. »Als ich mit 22 Jahren zur Polizei gegangen bin, waren einige aus der Familie sauer auf mich – die Polizei war ein Feindbild. Das waren die, die mit dem Staat Hand in Hand arbeiteten.« Für Sandra Cegla war der Polizeiapparat ganz anders als für ihre Eltern nie negativ besetzt. »Allein schon die Tatsache, dass ich zur Polizei gegangen bin, zeigt meinen Abstand zu dem System der DDR. Und ich hinterfrage natürlich auch, was meine Familie erzählt. Mir ist klar, dass vieles sehr subjektiv ist und nicht immer mit Fakten unterlegt werden kann. Heute ist meine Familie stolz auf das, was ich geschafft habe.« Ein Polizist hat Sandra Cegla auf die Idee gebracht, sich bei der Polizei zu bewerben. Ein Verbrechen im privaten Umfeld gab einen weiteren Anstoß. »Wahrscheinlich merkt man mir auch als Polizistin die Prägung durch meine Ostfamilie an. Ich lasse mir nichts gefallen, nur weil ich eine Frau bin. Mit meinen männlichen Kollegen gerate ich schon mal aneinander, wenn sie mich falsch einschätzen, weil ich optisch eher wie ein Püppchen rüberkomme. Da kann ich sehr wütend werden.«

Nicht Ost, nicht West – das ist und bleibt Sandra Ceglas Dilemma. In manchen Gesprächen hält sie sich zurück, wenn es vielleicht an ihr wäre, Vorurteile gegenüber Ossis zu entkräften. In anderen Momenten, wenn über Tugenden gesprochen wird, die Menschen aus dem Osten nachgesagt werden, wie besonderer Fleiß und Ausdauer, ist sie stolz auf ihre Herkunft, die ja kaum mehr ist als Familiengeschichte. Sandra

Sandra Cegla vor einem Rest der Berliner Mauer im Konrad-Adenauer-Haus in Berlin. »Dieses Stück Beton und die Mauerreste, die sich Urlauber als Andenken mitgenommen haben, sind wie ich. Ein bisschen hier verortet und ein bisschen da.«

Foto: Andrea Schaller

Cegla ist sich ihres Abstands zur DDR bewusst. Dennoch bleibt eine Verbundenheit: »Eigentlich stehe ich zwischen Ost und West, das macht mich manchmal unsicher. Aber aus meinen Wurzeln schöpfe ich auch viel Kraft, denn die machen mich ja auch besonders.«

»Geld einfach so an wildfremde Menschen zu verschenken, weil sie Jahrzehnte in einer Diktatur gelebt hatten, hatte für mich etwas Unwirkliches«

Stephanie Jansen zahlte als Lehrling Begrüßungsgeld aus

Stephanie Jansen hat immer an der Mauer gelebt. Aber im Westen. Zunächst in der Berliner Prinzenstraße, unweit der Jacobs Kaffeerösterei, später am nördlichsten Punkt der deutsch-deutschen Grenze: auf dem Priwall bei Lübeck. Wenn ihre Großmutter sie im Sommer aus dem Haus schickte, um draußen zu spielen, dann nie ohne die Warnung, dass man sie erschießen würde, sollte sie es wagen, den Grenzstreifen nach »drüben« zu betreten. Einer der Onkel, so die Familienlegende, musste als kleines Kind im Freien sogar mit einer Wäscheleine angebunden werden, weil er immer ausbüxte und sich von solchen Ermahnungen nicht abschrecken ließ.

So grenznah war der Osten auch im Westen allgegenwärtig. Stephanie kannte das Sandmännchen, Willi Schwabes ›Rumpelkammer‹, ›Mach's mit, mach's nach, mach's besser‹ und auch den ›Schwarzen Kanal‹. Heute sagt sie: »Wir lebten 1500 Meter vom Grenzstreifen entfernt und waren doch Jahrzehnte getrennt.« Es gab weder Familientreffen mit den Verwandten im Osten noch Reisen dorthin.

Schon als Schülerin entwickelte Stephanie ein Interesse für Politik und sie erinnert sich noch heute an die mündliche Nachprüfung im Leistungskurs Geschichte. »Sie fand am 16. Juni 1989 statt, die Flucht nach Ungarn hatte schon begonnen, doch auf die Frage meines Lehrers, ob ich mir eine Wiedervereinigung vorstellen könne, war meine spontane, aber ernstgemeinte Antwort: ›Nicht wirklich, wenn überhaupt, vielleicht in 20 Jahren!‹«

Den Fall der Mauer kurz darauf empfindet Stephanie als markanten Punkt in ihrem Leben, als das Ende ihrer Kindheit. Im September noch zeigte sie Freunden aus Bielefeld »ihre« Grenze am Priwall, zwei Monate später, am 9. November 1989, saß ihre Mutter abends weinend vor dem Fernseher, als sie nach Hause kam. »Ob vor Glück oder vor Schreck habe ich sie nie gefragt, ich war nur wie erschlagen. Im selben Moment ergriff mich das Gefühl von Verlust und Traurigkeit. Alles würde sich radikal verändern und davor hatte ich Angst. Plötzlich verstand ich, dass die Grenze nie eine wirkliche Bedrohung gewesen war, sondern für mich Sicherheit bedeutet hatte.«

Die Wendezeit wird Stephanie nie vergessen, sie war Auszubildende in einer Bank und unter anderem zuständig für die Auszahlung des Begrüßungsgeldes. Diese Unterstützung hatte die Bundesrepublik bereits 1970 eingeführt, um einreisenden DDR-Bürgern und Polen deutscher Abstammung zu helfen. 1970 wurden bis zu zwei Mal jährlich je 30 D-Mark ausgezahlt. Ab 1988 gab es einmal im Jahr 100 D-Mark. In Berlin kam es während der ersten Tage nach dem Mauerfall zu chaotischen Szenen vor den Auszahlungsstellen, weil Zehntausende ihr Geld abholen wollten. Polizei und Feuerwehr mussten für Ordnung sorgen und die Banken wurden angewiesen, auch nachts zu arbeiten.

»Am Anfang herrschte Chaos. Keiner wusste so genau, wie und worauf man achten sollte, nur, dass bei Vorlage eines Reisedokumentes oder Ausweises das Geld ausgezahlt werden sollte. Geld einfach so an wildfremde Menschen zu verschenken, weil sie Jahrzehnte in einer Diktatur gelebt hatten, hatte für mich etwas Unwirkliches. Eine Mischung aus Freude für diese Menschen, Fassungslosigkeit, dass man damit indirekt versuchte etwas gutzumachen, und Zweifeln, ob es wirklich richtig war. Je nachdem, wer einem gegenüberstand, überwog mal das eine oder andere Gefühl. Ich entsinne mich an eine alte Dame, der es offensichtlich furchtbar peinlich war, sich für das Geld anzustellen, sie war kurz davor, umzudrehen und wieder zu gehen. Als sie mir ihren Ausweis gab, stellte ich fest, dass sie in derselben Stadt wie meine Großmutter geboren war, und ich sprach sie darauf an. Das Eis war gebrochen, und als ich sie fragte, was sie mit dem Geld vorhabe, sagte sie: ›Die Kinder meines Bruders haben mir jedes Jahr zwei Pakete mit Kaffee und anderen Leckereien geschickt, ich möchte sie zum Essen einladen und mich bedanken.‹ Das war eine schöne Begegnung, aber die fordernde Haltung, vor allem bei jüngeren Menschen, fand ich abstoßend und war froh, als ich vom Schalterdienst versetzt wurde.«

Die Erfahrungen aus dieser Zeit prägen ihr Bild vom Osten bis heute. »Einige versuchten mehrmals Geld zu bekommen, was die Banken zu schärferen Kontrollen veranlasste und einen Vorgeschmack auf die zukünftige Beziehung zwischen Ost- und Westdeutschen gab. Die Euphorie war schnell verschwunden und die Menschen im Grenzgebiet wollten ihren Aldi wieder für sich haben, fingen an, die Ansprüche der ostdeutschen Nachbarn zu kritisieren, und nicht wenige ahnten, dass eine Wiedervereinigung eigentlich einer Widervereinigung gleichkäme. Der Wunsch, die Grenzen zu schließen und zum Status quo zurückzukehren, war in vielen Gesprächen herauszuhören.«

Ende 1989 wurde die Auszahlung des Begrüßungsgeldes wieder eingestellt, in diesem Jahr brach Stephanie ihre Ausbildung zur Bankkauffrau ab und begann ein Studium der Politikwissenschaften. »Die Ignoranz ›echter‹ Westdeutscher bezüglich der Komplexität der Wiedervereinigung hat mich erschüttert und nachhaltig geprägt. Nach vielen beruflichen Umwegen bin ich für sechs Jahre nach Schwerin gegangen und habe dort eine private Schule mit aufgebaut. Eine Erfahrung, die mich in meiner damaligen Prognose nur bestätigt hat: … wenn überhaupt, vielleicht in 20 Jahren oder später!«

Heute wohnt Stephanie Jansen wieder in Berlin, nur 1500 Meter von der ehemaligen deutsch-deutschen Grenze, im Westteil der Stadt. »Im Ostteil leben mir zu viele Menschen aus dem Westen, die früher nie näher als 150 Kilometer an die innerdeutsche Grenze herangekommen sind.«

»Kinderstars gab es in der DDR nicht«
Jacqueline Rietz, Castingagentin für Kinder und Jugendliche

Als Jacqueline Rietz ein Kind war, gab es ihren jetzigen Beruf so noch gar nicht. Weder im Osten noch im Westen Deutschlands. 1996 gründete sie, mit gerade mal 24 Jahren, ihre Kinder- und Jugend-Castingagentur in Potsdam und sucht seitdem junge Talente für Kino- und Fernsehfilme, Werbespots und Fotoserien.

Ein Teil ihrer Erfolgsgeschichte lässt sich anhand von Kinoplakaten an den Wänden ihrer Potsdamer Büroräume verfolgen: ›Die wilden Hühner‹, ›Operation Walküre‹, ›Hanni und Nanni‹, ›Lore‹. Der Aufenthaltsraum ist bescheiden und gemütlich: schlichte Holzmöbel vor weißen Wänden, eine Schale mit Buntstiften auf dem großen Tisch, bunt zusammengewürfelte Stühle. Weit entfernt von sterilem Stahlmöbelprotz in vergleichbaren Berliner Agenturen.

Die Chefin entspricht diesem Bild: Die blonden Haare zu einem Pferdeschwanz zusammengebunden, die Augen ungeschminkt, schlichter Strickpullover, das Auffälligste an ihr ist der grüne Nagellack – passend zu den Pulswärmern, die selbstgestrickt aussehen. Sie deutet auf die gerahmten Plakate: »Inzwischen muss ich jedenfalls nicht mehr erklären, was ich beruflich mache. Da kann man den ganzen Castingshows schon dankbar sein.«

Sie lächelt, als sie Becher mit fruchtig duftendem Tee auf den Tisch stellt. »Jeder meint zu wissen, was Casting bedeutet, und deswegen kommen die Eltern und Kinder mit einer gewissen Erwartungshaltung. Wir müssen ihnen dann immer erklären, dass es gar nicht darum geht, ein komplett fehlerfreies und perfektes Spiel abzuliefern. Sondern um eine Arbeitsprobe und ein Austesten. Wichtig ist erst einmal der menschliche Faktor: Wie viel Lust hat das Kind und was bringt es an Talent mit?«

Jacqueline Rietz sitzt entspannt am Tisch, die Hände im

Schoß, sie überlegt lange, bevor sie antwortet, dann aber sprudelt es förmlich aus ihr heraus. »Nach dem Abitur konnte ich mir überhaupt nicht vorstellen, in der Filmbranche zu arbeiten. Auf jeden Fall wollte ich im kulturellen Bereich tätig sein, das war klar. Meine Stiefmutter ist Regisseurin, mein Vater unterrichtete und meine Mutter arbeitete an der Filmhochschule, deshalb wollte ich auf keinen Fall in den Filmbereich gehen. Man will sich ja von den Eltern abgrenzen. Ich habe mich eher im Theater gesehen, in der Öffentlichkeitsarbeit, das war meine Vorstellung. Mit dem Zeitpunkt der Wende habe ich wohl Glück gehabt. Ich war in der zwölften Klasse, stand kurz vor dem Abitur und hatte in dem geschützten Bereich der Schule diese Welt da draußen noch gar nicht richtig kennengelernt, bin noch gegen keine Wände gerannt.«

Sie lehnt sich im Stuhl zurück und erinnert sich an die ersten Schritte in die Filmbranche. »Meine Stiefmutter Karola Hattop war eine etablierte DDR-Regisseurin und gründete nach der Wende ihre eigene Filmproduktion. Von ihr kam dann auch der Anstoß für die Agentur.«

Jacqueline Rietz erzählt, dass es in ihren Kindertagen immer mal einen Klassenkameraden oder Freund gab, der in einem Film mitspielte. »Die Regisseure sind damals durch die Schulen gegangen und haben Darsteller gesucht. Da hieß es dann: Du und du, ihr beiden dürft noch einmal vorspielen. Das war natürlich etwas Besonderes und Exotisches, aber der Erfolg nicht so lang anhaltend wie heute manchmal.« Sie zieht mit dem Löffel den Teebeutel aus der Tasse, wickelt nachdenklich die Schnur darum und drückt ihn aus, bevor sie erklärt, warum es im Osten so anders war, ein Filmkind zu sein, als im Westen. »Es gab kaum Kinderstars. Man achtete darauf, dass ein Kind nur einen großen Film machte, eine große Rolle hatte. Niemand sollte ein Star sein. Später wurde das Prinzip etwas aufgeweicht. Die meisten Schauspielkinder haben später ganz gewöhnliche Berufe ergriffen. Der ein oder andere wurde Schauspieler, aber für viele war das nur ein Ausflug.« Christian Näthe fällt ihr ein, der 1988 in Karola Hattops Film

›Feriengewitter‹ mitspielte, heute noch im Geschäft ist und außerdem als Sänger der Band »Hasenscheisse« tourt.

»Ob jemand ein ›Star‹ wird oder sich so fühlt, hängt ganz stark von den Eltern ab und davon, ob das Kind nach den Dreharbeiten wieder seinen Platz einnimmt, mit den ganz normalen Pflichten und Aufgaben.«

Auch wenn die Agentur ihren Sitz im ehemaligen Osten hat, kommen die Kinder inzwischen von überall her. »Angefangen habe ich natürlich mit den Kontakten, die über Karola kamen. Zunächst habe ich mich dahin gewendet, wo ich mich auskannte und das Gefühl hatte, da kann ich andocken. Potsdam, Theater an der Parkaue, Karusselltheater. Auch wenn es, rein räumlich gesehen, nähergelegen hätte, erst einmal im Westen Wannsee und Zehlendorf abzuklappern. Das hat sich dann irgendwann geändert, als wir mehr gemacht haben, größer und bekannter wurden. Jetzt rufen die Interessenten uns an. Außerdem ist die Nachfrage heute größer.«

Der Tee ist vergessen und wird langsam kalt, Jacqueline Rietz ist mittendrin in den Erinnerungen: »Es ging in gewisser Hinsicht luxuriöser zu in der DDR bei der Entstehung eines Films. Der Regisseur hatte eine größere kreative Autorität, als ihm heute oftmals zugestanden wird. Natürlich muss-

Jacqueline Rietz mit Mutter, Oma und Cousins auf dem Zeltplatz Himmelreich. Der Osten ist für sie mit einer unbelasteten und schönen Kindheit und einem großen Zusammenhalt innerhalb der Familie verbunden. Auf diesem Zeltplatz in Caputh am Schwielowsee, nur wenige Kilometer von ihrer Heimatstadt Potsdam entfernt, verbrachte sie die Sommer ihrer Kindheit und Jugend mit der ganzen Familie, denn auch die Tanten und Onkel hatten jeweils ein Zelt in der Nachbarschaft. »Himmelreich« hieß der Zeltplatz nach einer Ansiedlung von Arbeitslosen, die sich hier nach dem Ersten Weltkrieg »Villen« aus billigem Nesselstoff errichtet hatten und ihre Wohnung in der Stadt vermieteten, um das Arbeitslosengeld aufzubessern. Es wurde geangelt, man suchte Beeren und Pilze, das Leben am Ufer des Schwielowsees war also für viele ein Leben wie im Himmelreich. Noch heute packt Jacqueline Rietz jeden Sommer ihre Taschen und fährt mit der Familie Richtung Sonne. Ohne Reservierungen, ohne Plan und ohne ein bestimmtes Ziel.

te man manchmal improvisieren, weil es bestimmte Dinge einfach nicht gab oder man sie nicht organisieren konnte. Aber heute unterliegt das Filmemachen im Fernsehbereich generell einer Industrialisierung. Man hat wesentlich weniger Drehtage zur Verfügung, das Pensum pro Drehtag ist wesentlich höher, und dieser Trend tritt in den Serien noch mal verstärkt zutage. Die Vorbereitungszeiten werden kürzer – für alle Gewerke. Alles wird perfektioniert, aber nicht im positiven Sinne. Es bleibt weniger Raum für Kreativität. Die Suche nach der richtigen Besetzung ist eine kreative und konzeptionelle Arbeit, und wenn die unter Zeitdruck und massiver Einflussnahme von Redaktionen, Verleihern und Produzenten erfolgen muss, hat man nicht mehr die Freiheit, nach *der* idealen Besetzung Ausschau zu halten. Bei Independent-Produktionen, Low-Budget-Filmen und einigen wenigen großen Kinoproduktionen lassen sich die Leute manchmal noch Zeit, zum Teil auch, weil sie es müssen, weil das Geld noch nicht da ist. Die Fähigkeit zu improvisieren, ist im Osten sehr verwurzelt. Man versucht nicht immer alles über Geld zu regeln, sondern überlegt, wie viel habe ich und wie

kann ich damit eine Lösung finden. Deshalb sind wir ein Volk der Jäger und Sammler, man kann ja alles vielleicht noch mal irgendwie gebrauchen. Mir fällt es sehr schwer, Sachen wegzuwerfen.«

Dieser Gedanke ist ihr wichtig, und sie kommt noch mal auf das Bewahren und die Improvisationsfreude zurück: »Dieses Um-die-Ecke-Denken, das mir liegt, rührt vielleicht aus meiner Kindheit in der DDR. Nylonstrumpfhosen als Keilriemen und so, diese Zwischenlösungen kenne und liebe ich. Für mich muss nicht immer alles neu und schick sein, ich mag es, wenn Dinge ihren eigenen Charakter haben.«

Kann sie als Chefin einer Agentur, die für Film und Fernsehen arbeitet, verstehen, dass manche Menschen gar nicht mehr fernsehen? »Die Sehgewohnheiten haben sich sehr geändert. In der DDR hatte man nur eine begrenzte Auswahl, und wenn dann am Sonntagabend *der* besondere Film lief, kam man zusammen und guckte gemeinsam. Das war ein Familienereignis. Heute steht schon in vielen Kinderzimmern ein Fernseher. Ein gemeinsames Erlebnis hat man vielleicht im Kino, aber nicht mehr beim Fernsehen. Aufgrund der Programmvielfalt schauen die Leute, was sie gerade interessiert, und wenn man sich langweilt, dann zappt man weiter.«

Die Mutter zweier Kinder hat in ihrer Heimatstadt Potsdam aber auch andere Veränderungen erlebt: Menschen aus Berlin sind hierhergezogen, die kleine Stadt wurde größer. »In der Schule wie im Kindergarten mischt sich längst Ost und West. Das ist auch kein Thema unter den Kindern. ›Ureinwohner‹, gebürtige Potsdamer, sind inzwischen in der Minderheit. Ich kann mich aber noch sehr gut daran erinnern, wie es ist, als Ossi diskriminiert zu werden: Im Rahmen meines Studiums habe ich 1992 ein Praktikum im Odenwald gemacht. Da musste ich mir anhören: Der amerikanische Festivalleiter hat sich eine ostdeutsche Praktikantin geholt. Als ob es nicht genügend Kandidatinnen aus dem Westen gegeben hätte, die den Job viel besser machen würden als jemand, der hinter einer Mauer groß geworden ist!« Inzwischen kann Jacqueline Rietz über diese Geschichte lachen.

In ihrer Heimat fühlt sie sich verwurzelt, was für sie aber nichts mit der ehemaligen DDR zu tun hat. »Man möchte sich ja zu einer Gruppe zugehörig fühlen. Im Ausland bin ich immer Deutsche – da fragt auch keiner mehr, ob ich aus dem Osten oder Westen komme. Man ist einfach Deutscher. Im Berliner Raum fühle ich mich als Brandenburgerin – das ist meine Zugehörigkeit, meine Heimat.«

»Ich frage mich immer, ob ich mich angepasst hätte oder auf die Straße gegangen wäre«
Stefanie Probst, Szenenbildnerin

Stefanie Probst ist in Berlin aufgewachsen, hat mit ihrer Familie in verschiedenen Ostbezirken gewohnt und kennt sich heute, 25 Jahre nach der Wende, im Westen der Hauptstadt genauso gut aus wie im Osten. Selbstverständlich hat sie sich längst überall in der Stadt umgesehen, Plätze, Restaurants und Clubs besucht. »Umgekehrt kennen sich manche Westberliner im Osten gar nicht aus. Die waren ganz bewusst noch nie oder sehr selten in Ostberlin. Das finde ich ignorant und das ärgert mich immer mehr.«

Stefanie war 14 Jahre alt, als die Mauer fiel, sie hatte gerade die Schule gewechselt. Ost und West spielten damals keine Rolle für sie, weil sich das Leben ohnehin veränderte und als Teenager vieles für sie neu und fremd war. »Ich glaube, bei vielen entsteht jetzt so eine Sehnsucht, weil alles so schnell weg war. Natürlich folge ich auf Facebook der DDR-Produkte-Seite und ›Wir waren Pioniere‹. Weil man so viel vergisst. Ich zumindest habe wahnsinnig viel vergessen und das will ich nicht. Vielleicht wäre die Sehnsucht nicht so stark geworden, wenn es weiter die Rahmbutter gegeben hätte und die dreieckigen Milchtüten. 1989 fand ich diese Veränderungen gar nicht schlimm, man konnte ja andere Sachen kaufen als das Altbekannte, das war spannend.«

In ihrer Familie war Politik kein großes Thema. Die Eltern waren in der Partei, »weil man das eben so machte«. Sie selbst engagierte sich gern, als Pionier, im Gruppenrat und bei der FDJ. Im Rückblick eine ganz gewöhnliche Kindheit in der DDR. »Die eingeschränkte Reisefreiheit stellen Westdeutsche immer als totales Problem dar. Für sie ist es unvorstellbar, hinter einer Mauer zu leben. Aber wenn man weiß, man kann nicht zum Mond fliegen, dann ist das eben so. Das ist ein Fakt und den kann man nicht ändern.«

Wie sehr der Staat sich in das Leben der Bürger einmischte, hat Stefanie 1988 erlebt, als der Onkel mit seiner Familie in den Westen ging. »Da stand die Stasi vor der Tür, um uns zu befragen. Als mein Cousin eine Postkarte schickte, kamen sie noch mal.« Bis heute hat sie mit dem drei Jahre älteren Cousin kaum über die DDR gesprochen, weil es sich irgendwie nie ergeben hat und andere Themen immer wichtiger waren. »Der Abhörskandal der NSA und Prism ist für meinen Cousin das Schlimmste, was er sich vorstellen kann. Dass er jetzt wieder in so einem Land lebt, hätte er nie für möglich gehalten. Der ist entsetzt.«

Stefanie fehlt das Verständnis für Republikflüchtlinge. »Die Eltern eines Freundes sind abgehauen. Die wurden erwischt und die Kinder kamen ins Heim. Wie konnten sie ihr Leben aufs Spiel setzen? Wieso sind sie dieses enorme Risiko eingegangen, ihre eigenen Kinder zu verlieren? Das verstehe ich nicht. Wieso konnten sie nicht sagen, wir haben Kinder, also versuchen wir das Beste aus diesem System zu machen und gehen mit Gleichgesinnten auf die Straße?« Sie weiß, dass manche wohl keine Chance hatten, sich mit dem Staat zu arrangieren, und dass in Berlin vieles einfacher war als anderswo. »Man musste stillhalten, damit das Leben in der DDR funktioniert hat. Das war nicht immer toll, aber es war machbar. Sicher hatten manche ihre Gründe wegzugehen, aber es ging uns nicht so schlecht, dass man es nicht aushalten konnte.«

Durchhalten, nicht aufgeben, das hat sie von ihrer Mutter gelernt, sagt Stefanie. Sie klingt stolz, wenn sie aufzählt, was diese alles geleistet hat. Sie hat eine Scheidung verkraftet, die Kinder mit wenig Geld durchgebracht, wieder geheiratet, sich in ihrem Beruf hochgearbeitet und versucht, den Kindern ein angenehmes Leben zu bereiten. »Wir konnten reisen, in manchen Jahren war ich drei Mal im Ferienlager, und einmal durfte ich sogar in ein Ferienlager nach Ungarn fliegen, in dem auch Jugendliche aus Österreich untergebracht waren. Keine Ahnung, wie meine Mutter das gemacht hat. Die hat alles hinbekommen.«

Als die Familie umziehen wollte, erhielt sie für die organisierte Tauschwohnung keine Genehmigung, dafür eine Wohnung in einem Haus mit einem überproportional hohen Anteil von Stasimitarbeitern. »Auch das hat meine Sicht verändert. Man hatte ja ständig mit diesen Leuten zu tun, das waren einfach Nachbarn. Meine Eltern kannten sie alle. Wenn man abends in die Wohngebietskneipe ging, trank man mit denen ein Glas. Da hatte man nicht dauernd das Gefühl, besonders vorsichtig sein zu müssen. Man wusste, wie man mit den Leuten umgehen muss, mit wem man offen reden konnte und wo Zurückhaltung angebracht war. Ich hatte da nie das Gefühl einer Bedrohung. Unsere Russisch-Lehrerin hat uns montags immer auf Russisch gefragt, was wir am Wochenende gemacht haben. Uns war klar, das ist die Stasibeauftragte der Schule.«

Anderes betrachtet sie im Rückblick mit Entsetzen. Zum Beispiel den »ganz besonderen Sportunterricht«. Weitwurf wurde auch mit einem Handgranatendummy aus Metall geübt, »F1 werfen« hieß das. »Wie Kugelstoßen, aber mit einer Handgranate. Wie krank das war, aber ich habe es nie hinterfragt.« In den vergangenen Jahren, unter anderem ausgelöst durch einen Fernsehbericht, wurde die Geschichte von Ost und West wieder mehr ein persönliches Thema für Stefanie. Sie saß in einem Hotelzimmer, als eine Reportage lief über die friedliche Revolution und die Grenzöffnung. Der Polizist am Übergang Bornholmer Straße hat sie so gerührt,

Etwa im Frühling 1981 wurde dieses Foto im Tierpark Berlin aufgenommen. Stefanie erinnert sich, dass wohl jedes Kind im Osten so ein Foto zu Hause hatte, jedenfalls diejenigen ihrer Generation. Stefanie neben ihrer Schwester Martina, die das Löwenbaby halten durfte. Das Foto erinnert sie an eine glückliche Kindheit mit vielen besonderen Momenten wie diesem. »Ich habe nicht das Gefühl, irgendwas in meiner Kindheit vermisst zu haben. Selbst die Erinnerung an den zehnseitigen Spielzeugprospekt aus dem Westen, den wir wie einen Schatz hüteten, ist eine schöne Erinnerung. Es gab wenig, alle hatten das Gleiche, aber das fand keiner doof.«

Foto: privat

dass sie weinend auf dem Hotelbett saß. »Dieser eine Polizist hat entschieden, die Kontrollen auszusetzen und die Schranken zu öffnen. Da dachte ich: Es gab so viele mutige Leute damals. Darauf kann ich natürlich nicht stolz sein, weil ich nichts damit zu tun hatte.« Stefanie und ihre Eltern sind 1989 nicht auf die Straße gegangen, mit ihrer Vergangenheit hat sie nicht gebrochen. Nach der Wende hat sie in einem Ost-freundlichen Umfeld gelebt. »Das war wie eine Blase, in der ich mich bewegt habe. Nur Menschen um mich, die Pro-Ost waren. Ich habe an der einzigen Ost-Uni in Berlin studiert. Da gingen nur die Westdeutschen hin, die es cool fanden mit uns. Die meisten Westberliner wären nie auf die Idee gekommen in Ostberlin zu studieren, die hatten ja zwei eigene Unis.« Seit 15 Jahren lebt die Szenenbildnerin im angesagten Bezirk Prenzlauer Berg, ehemals Osten, jetzt besonders beliebt bei jungen Familien aus dem Westen, und fühlt sich dort sehr wohl. Aber in den vergangenen Jahren hatte sie ab und zu auch unangenehme Begegnungen mit Westlern. »Einmal lernte ich einen Mann kennen, der war genauso alt wie ich, also 14 bei der Wende. Der hat sich so mies über das Leben im Osten geäußert, da frage ich mich, wo das herkommt, in seinem Alter kann er damals selbst doch gar keine schlechten Erfahrungen gemacht haben.«
Stefanie versucht den Vorurteilen auf den Grund zu gehen. Fragt nach beim Gegenüber, sucht nach Gründen für ungerechtfertigte Abneigung und vorgefasste Meinungen. Du bist so locker, heißt es dann manchmal, so anders als andere Ossis. »Eigentlich sind alle Ostler locker. Sehr viele Männer stehen auf ostdeutsche Frauen, weil sie offener und freier sind, auch im Bett. Das finden Männer schon sexy, wenn man da entspannter ist. Viele halten Ossis für prollig. Karottenjeans und Seidenblouson. Sie haben immer noch das Bild vor Augen, wie die Leute mit ihren Trabbis bei der Maueröffnung in den Westen gefahren sind. Dabei sahen die im Wedding doch genauso aus. Aber die haben sich natürlich nicht selber gesehen. Wir hatten Westfernsehen und wussten, was modern war. Die Sachen haben wir uns dann auf dem Polenmarkt gekauft.«

Filme, Gespräche und Begegnungen mit älteren Menschen aus dem Osten haben Stefanie Probst dazu veranlasst, immer tiefer in ihre eigene Geschichte einzutauchen. Sie wollte mehr wissen über das Leben in der DDR, hinterfragen, was für sie als Kind einfach nur ein »ganz normales Leben« war. »Manchmal, wenn ich mit Kollegen aus dem Osten zusammen bin und mich dann so heimisch fühle, erschrecke ich ein bisschen und denke: Ist das jetzt gut? Oder wird so Ost-West wieder mehr zum Thema, als es sollte?«

Kurz vor der Wende wurde in ihrer Familie darüber gesprochen, ob ihre 18-jährige Schwester in die Partei eintreten sollte, sie selbst hatte sich dagegen entschieden. »Ich frage mich heute, wie ich mich wohl an Stelle meiner Schwester verhalten hätte. Ob ich ein Mitläufer geworden wäre oder ob ich protestiert hätte? Ich weiß es nicht. Wäre ich irgendwann ins Grübeln gekommen? Hätte ich das System in Zweifel gezogen? Ich hoffe, ich hätte mich aufgelehnt. Ich frage mich auch, ob es Prägung oder ein Wesenszug ist, wie man sich in solchen Situationen verhält. Ich merke ja, wie ich jetzt rebelliere und hinterfrage, wobei ich immer schon ein neugieriger Mensch war. Vielleicht wäre meine Neugier irgendwann so groß gewesen, dass ich gebohrt hätte – aber vielleicht auch nicht.«

»Ich war erschrocken, als ich nach Bonn sollte, in Feindesland«
Ralf Bachmann, Korrespondent der
DDR-Nachrichtenagentur ADN

Es gibt Leute, die denken, wenn sie sagen: ›Ich komme aus dem Osten‹, dann klingt das wie Propaganda für die DDR. Deshalb reden sie lieber von dem ehemaligen Osten. Das ist geografischer und politischer Schwachsinn. Ich bekenne mich zu meiner Herkunft aus dem ostdeutschen Staat. Daran ist doch sowieso nichts zu ändern.« Nur bei manchen Worten hört man Ralf Bachmann die sächsische Herkunft an, wenn er in Gedanken abtaucht in seine bewegte Vergangenheit. »Meine Geschichten würden auch für zwei Leben reichen«, lacht er und lehnt sich in seinem Ohrensessel zurück.

Er ist ein Mensch, für den das Glas immer halb voll ist, seine positive Haltung hat ihn vieles besser ertragen lassen. Geboren 1929 in Crimmitschau bei Zwickau, musste er 1944 mit gerade mal 15 Jahren die väterliche Wirkerei übernehmen, nachdem der Vater wegen seiner Ehe mit einer Jüdin in ein Zwangsarbeitslager der Gestapo deportiert worden war. Mit dem Kriegsschluss endete die Leidenszeit des Vaters nicht, 1946 wurde er wegen einer erfundenen »sozialdemokratischen Verschwörung« von der sowjetischen Besatzungsmacht verhaftet und verurteilt.

Zusammen mit seinem Bruder musste Ralf sich um die Mutter kümmern, die geschwächt aus dem KZ Theresienstadt zurückgekommen war und den erneuten Schicksalsschlag kaum ertragen konnte. Der Vater kehrte nie zurück.

Schon als 16-Jähriger wurde Ralf Bachmann Volontär bei den ›Nachrichten für Grimma‹, danach wechselte er zur ›Leipziger Volkszeitung‹, bei der er in kurzer Zeit bis zum stellvertretenden Chefredakteur aufstieg.

Über viele Umwege und Stationen bei Zeitungen kam er schließlich 1953 zum Allgemeinen Deutschen Nachrichtendienst ADN, neben Panorama DDR die einzige zugelassene Nachrichten- und Bildagentur des Landes. »Meine Stärke war, ich konnte schreiben und das schnell. Außerdem hatte ich eine gute Auffassungsgabe für politische Zusammenhänge.« Bachmann wollte aber nicht in der Politikredaktion bleiben, sondern als Korrespondent ins Ausland. »Ich dachte an Kairo oder vielleicht Paris.« Geschickt wurde er allerdings von 1968 bis 1973 nach Prag und von 1981 bis 1986 nach Bonn, in den Jahren dazwischen arbeitete er in der Ostberliner ADN-Redaktion. »Ich war erschrocken. Bonn war in der BRD, der Sitz des Klassenfeindes, das war ja Einsatz im Feindesland.« Zweifel an der Richtigkeit seiner Weltsicht seien ihm erst viele Jahre später gekommen, erklärt er. In seinem Buch ›Ich bin der Herr. Und wer bist Du?‹ schreibt er, dass »das Motiv von Feigheit im DDR-Alltag in vielen Fällen erst zuletzt Angst vor der Stasi und viel öfter Angst vor einer schonungslosen Auseinandersetzung war, der man sich nicht gewachsen fühlte oder deren Folgen man fürchtete«. Kollegen, die bereits im Westen gearbeitet hatten, berichteten von schwierigen Arbeitsbedingungen aufgrund der sehr eingeschränkten Berichterstattung. »Man durfte nicht einmal schreiben, dass der Rhein schön ist, weil das die Reiselust der DDR-Bürger geweckt hätte«, erinnert er sich kopfschüttelnd. Natürlich, so Bachmann, hätte er dieses Angebot ablehnen können, was aber einen Karrierestillstand bedeutet hätte. Auch wenn er die bundesdeutschen Kollegen keineswegs als Gegner betrachtet habe, sei er ein Kind seines Systems gewesen, damals sei ihm nicht in den Sinn gekommen, in Frage zu stellen, was diktiert wurde. Heute denkt er über viele Gespräche und Entscheidungen anders als damals, auch weil er im Westen Freunde fürs Leben gefunden hat und während seiner Arbeit im »Feindesland« vieles sah und erlebte, was ihm gefiel und was ihn beeindruckte. Pauschalurteile über den Westen hat er sich damals schnell abgewöhnt.

1981 zog er zusammen mit seiner Frau Ingeborg, Journalistin wie er, in die damalige Bundeshauptstadt. »Das Ankommen dort war für mich wie ein Eintauchen in Kindheitserinnerungen. Die ganzen Märchen und Sagen aus dem Siebengebirge und dem Spessart, die Heinzelmännchen aus Köln, waren plötzlich greifbar.« Wie die anderen Korrespondenten und einige Bonner Journalisten hatte das Ehepaar Bachmann ein Büro im Pressehaus. Berufliche Kontakte zu Kollegen aus dem Osten waren erwünscht, allzu nahe Kontakte mit »kapitalistischen Journalisten« wurden allerdings nicht gern gesehen.

Die größte tägliche Herausforderung bestand darin, Themen zu finden, über die man schreiben konnte. Linke Liedermacher und Schriftsteller konnte Bachmann interviewen oder auch mal über das Konzert eines DDR-Komponisten berichten. Bei politischen Meinungsverschiedenheiten war die Linie vorgegeben. Hielt man sich als Journalist nicht daran, wurde der Text gar nicht oder stark redigiert gedruckt. »Es kam auch vor, dass ein Artikel unter meinem Namen erschien, den ich gar nicht geschrieben hatte, und ich musste mich dann bei den Kollegen in Bonn dafür rechtfertigen. Einmal habe ich mit Hans-Jochen Vogel ein Interview geführt, in dem er die innerdeutsche Grenze eine blutende Wunde nannte, die sich mitten durch Deutschland ziehe. Der Satz wurde ganz oben nicht akzeptiert, Vogel wollte darauf nicht verzichten, also erschien das Interview nicht. Wir wurden nicht zum Lügen aufgefordert, das kann man nicht sagen, aber die Wahrheit zu verschweigen, war durchaus erwünscht. Das war natürlich Schwachsinn, weil die meisten sowieso Westfernsehen guckten und deshalb wussten, was Sache war.« Er schämt sich nicht für das, was er geschrieben

Wenn man auf ein derart bewegtes Leben zurückblicken kann wie der heute 84-jährige Ralf Bachmann, dann fällt es schwer, ein einziges Foto auszusuchen. Er war dabei, als Helmut Schmidt die DDR besuchte, reiste nach Kolumbien, fuhr mit der DDR-Fußballnationalelf nach Santiago de Chile, begleitete eine Delegation in den Iran. Dieses Bild zeigt ihn im Jahr 1986. »Der Korrespondent aus der DDR hat im Bonner Pressehaus am Tulpenfeld eine Frage.«

Foto: privat

oder nicht geschrieben hat. Man könne, so Bachmann, sein Leben ja auch nicht rückwirkend ändern. Aber einiges würde er aus heutiger Sicht anders bewerten.

Die Vorgaben aus Ostberlin reichten bis ins Privatleben hinein. »Nicht einmal die damals schon erwachsenen Kinder durften uns besuchen. Wir durften keine Westverwandten treffen, aber daran habe ich mich nicht gehalten, auch wenn es gefährlich war und meine Frau sich riesige Sorgen gemacht hat.« Um die tausend Westmark bekamen die Bachmanns monatlich für ihren Lebensunterhalt. »Halb so viel wie die Kollegen aus Bulgarien, das reichte gerade mal so für den täglichen Bedarf.« Einrichtungsgegenstände oder hochwertige Elektrogeräte hätte die Familie im Westen ohnehin nicht ohne Weiteres kaufen dürfen, es war Auflage, möglichst Produkte aus DDR-Fertigung anzuschaffen. Besonders Ingeborg Bachmann erinnert sich ungern an diese Zeit. »Ab und zu haben uns Kollegen in schicke Restaurants eingeladen und nie konnten wir uns revanchieren. Die habe ich dann zu Hause bekocht, ich habe mich bemüht, dass unsere Wohnung vorzeigbar war, wobei wir sehr einfache Möbel

hatten. Das Beste war die herrliche Lage in Bad Godesberg. Vom Balkon aus konnte man über den Rhein sehen.«

Wenngleich die Freunde im Osten selbstverständlich wussten, dass Bachmann über Westgeld verfügte und als Dienstwagen einen Audi fuhr, wurde das nie zum Thema gemacht. »Natürlich haben sie sich gefreut, wenn wir mal eine Jeans mitgebracht haben, aber so etwas wie Neid gab es nicht. Ihnen war klar, dass unser Leben in der Bundesrepublik nicht immer einfach war.«

Die Zerrissenheit der Jahre in Bonn beschäftigt Bachmann noch heute. Er sollte Kontakte knüpfen, sich zugleich aber vom Klassenfeind fernhalten. »Das konnte man aber gar nicht steuern. Wenn man zum Beispiel auf einer Party einem ehemaligen Staatsanwalt aus der DDR vorgestellt wurde, der in die BRD abgehauen war, bekam man sofort Angst, in Schwierigkeiten zu geraten, man hatte ja Kontakt zu einem ›Verräter‹. Dieser ständige Zwiespalt ist für mich das prägende Gefühl für die Zeit in Bonn.«

Aber Bachmann war entschlossen, das Beste aus seinem Job in Bonn herauszuholen. Nach dem Besuch des damaligen Bundeskanzlers Helmut Schmidt in der DDR und vor dem Besuch Honeckers in der Bundesrepublik sollten die Beziehungen zwischen Ost und West verbessert werden. Daran wollte er mitarbeiten. »Wir haben Leute wie Helmut Kohl, Hans-Jochen Vogel oder Udo Lindenberg um ein Interview gebeten und es auch bekommen. Das Gespräch mit Berthold Beitz war für mich das wichtigste damals, der Unternehmer war in meinen Augen in jeder Beziehung eine große Persönlichkeit in der Bundesrepublik.«

Seine Frau und er fühlten sich von beiden Seiten beobachtet, in Ostberlin von der Stasi, die ständig misstrauisch war, in Bonn auch vom Verfassungsschutz. »Als ich mein Radio mal von der Werkstatt abholen wollte, stand ein Mann an meinem Audi und sagte: Sie haben aber einen schönen Wagen, so einen haben Sie in der DDR sicher nicht.« Der Mann stellte sich namentlich vor, erklärte, er sei beim Verfassungsschutz und habe Fotos von Bachmanns Treffen mit der Westverwandtschaft. »Ihm seien kritische Äußerungen von mir über die DDR zu Ohren gekommen, und an solchen Leuten seien sie interessiert. Er könne eine Veröffentlichung der Fotos verhindern, wenn ich kooperieren würde.« Bachmann lehnte ab.

Bis heute weiß er nicht, ob die folgenden Ereignisse im Jahr 1986 und seine Abberufung aus Bonn mit dieser Begegnung zu tun hatten. Wenige Wochen später musste er zu einer kleinen Operation in die Klinik nach Ostberlin. In seiner Wohnung gab es am Türschloss Spuren eines Einbruchs. »Das musste ich melden, das hätte ja auch eine Falle sein können. Es kam dann ein sogenannter Experte, der angeblich unser Wohnzimmer und das Türschloss genau untersuchen wollte.« Seine Frau ärgert sich bis heute darüber, dass sie den Mann allein bei geschlossener Tür hat arbeiten lassen. »Von wegen untersuchen, der hat doch alles verwanzt.« Auch das Türschloss wurde ausgewechselt und »alle fünf Schlüssel wurden uns übergeben«, erklärt Bachmann mit einem Unterton, der signalisiert, dass er von mindestens fünf weiteren Schlüsseln ausgeht. »Die waren ja auch doof, gegenüber von unserem Haus parkte Tag und Nacht ein Wagen mit zwei jungen Männern darin. Dieses Misstrauen war einfach unglaublich.«

Am nächsten Tag wurde das Ehepaar zum Chef des ADN bestellt: Der teilte mit, auf Beschluss von höchster Stelle sei die Arbeit in Bonn mit sofortiger Wirkung beendet. Noch am selben Abend wurde Ralf Bachmann der Ausweis abgenommen, seine Frau musste alleine nach Bonn zurückkreisen, um zu packen. »Ich musste den Kollegen dort erklären, dass mein Mann aus Krankheitsgründen nicht mehr kommen kann. Das hat uns natürlich keiner geglaubt.«

Warum er abberufen wurde, wird sich nicht mehr klären lassen. Möglicherweise wegen der Gespräche mit dem Verfassungsschutz, vielleicht auch wegen seiner guten Kontakte zu SPD-Politikern, spekuliert er.

Zwei Monate war Bachmann damals, im Jahr 1986, krankgeschrieben, dann wurde er wieder beim ADN in Ostberlin beschäftigt. »In einem Bereich, in dem ich keinen Schaden anrichten konnte. Ich wurde der Verantwortliche für die sogenannte Senderedaktion, in der Meldungen aus dem Basisdienst für die Auslands- und Fremdsprachensendungen umformuliert werden mussten.« In den Monaten der Wende war der Journalist stellvertretender Pressesprecher unter Modrow (eine Funktion, die er nach der Wende an Angela Merkel abtreten musste), in der Regierung de Maizière war er Abteilungsleiter für Medienpolitik. 1990 kehrte Bachmann zu seinen Wurzeln zurück und wurde Redaktionsleiter der Lokalzeitung ›Nachrichten für Grimma‹, später belieferte er den in Bonn erscheinenden Artikeldienst ›Presseplan‹ mit Reportagen über Berlin und die Mark Brandenburg. Heute schreibt er Bücher, spricht in Schulen, Kirchen und bei Versammlungen als einer der wenigen noch lebenden Zeitzeugen über seine wechselnden Schicksale in vier deutschen Staaten, betreibt einen Internetblog und engagiert sich als »Retter der deutschen Sprache«. »Trotz der vielen Korrespondentenreisen, trotz der Jahre in Bonn war ich vom Herzen her immer im Osten verankert. Das ist mehr als die Episode DDR, denn ich habe mich als Mann des Ostens gefühlt, als Jude, als Sachse, als Mensch.« Und nach einem kurzen Moment des Nachdenkens hängt er noch ein Zitat von Friedrich Rückert an. »Das sind die Weisen, die durch Irrtum zur Wahrheit reisen. Die bei dem Irrtum verharren, das sind die Narren.«

»Journalismus in der DDR folgte seinen eigenen Regeln«

Ein Beitrag von Wolfgang Klein, Journalist, von 1983 bis
1986 Korrespondent für die ARD in Ostberlin

Kinder, ihr müsst schnell mal mitkommen, ich habe was Tolles entdeckt!« Harald, unser rundlicher Toningenieur, kam auf uns zugestapft, kauend und über beide Backen strahlend: »Hausmannskost! Super lecker!«

Sommer 1985. Wir waren zu einem Dreh am Schleizer Dreieck. Ich muss zugeben: Bevor ich ARD-Korrespondent in der DDR wurde, hatte ich noch nie davon gehört, dass es im »anderen Deutschland« überhaupt eine Rennstrecke gab und dass dort ernsthaft Motorsport betrieben wurde.

Ein paar Tausend Fans waren gekommen, aus der DDR und aus den »befreundeten Nachbarländern«. Die Tschechen, Polen und Ungarn hatten dabei, was die Motorradrennen anging, deutlich mehr Erfolgserlebnisse und Spaß als unsere zahlreichen Brüder und wenigen Schwestern aus der DDR: Denn viele der Fahrer aus den anderen Warschauer-Pakt-Staaten durften erstklassige Motoren aus Japan benutzen, die DDR-Deutschen waren, linientreu, auf die heimatliche Produktion verpflichtet und hatten mit schmerzlichem Abstand das Nachsehen. – Nur auf einem Gebiet waren alle gleich: Die Verpflegung war ärmlich. Für ein paar Tausend Sportler und Fans gab es ein halbes Dutzend Speise- und Getränkebuden, vor denen sich über Mittag schlecht gelaunte Menschenschlangen bildeten.

Und nun kam Harald und brachte die Erlösung. Er marschierte mit uns zu einem Privathaus, das ein paar Hundert Meter von der Rennstrecke entfernt war: Dort hatte eine alte Frau seit dem Morgengrauen Essen gekocht – für jeden, der vorbeikam. Sie interessiere sich zwar nicht für Motorsport, meinte sie, der sei mit viel zu viel Lärm und Gestank verbunden. Aber sie sei Schleizerin, also eine Art Gastgeberin –

und dem wolle sie gerecht werden. Etwa hundert Essen verteile ihre Mutter kostenlos an so einem Renntag, berichtete die Tochter, dazu die passenden Getränke – der alten Dame selbst war es peinlich, darüber zu reden. Aber so machte sie das jedes Mal, wenn auf dem Schleizer Dreieck eine Großveranstaltung war. Ehrensache!

Als ich in die DDR kam, 1983, war ich Mitte 30, hielt mich für ausgesprochen weltoffen, steckte tief drinnen aber wohl doch voller Vorbehalte. Das Benehmen der Vopos, wenn man von Westdeutschland nach Berlin wollte und an den Grenzen gefilzt wurde, hat dazu entscheidend beigetragen – wie die brutale Niederschlagung der Aufstände in Ungarn und der DDR: prägende Kindheitserinnerungen – und vor allem das schreckliche Ende aller Träume, die sich Ende der 60er-Jahre mit dem »Prager Frühling« verbunden haben. Wir hatten keine Verwandten »drüben«, ich war vorher nie in der »Zone« gewesen und als Kind des Kalten Krieges nicht frei von der Vorstellung, die meisten DDR-Bürger seien wie ihre Politiker und Funktionäre: grau bis beige, ideologisch, angepasst und langweilig. Ich wurde schnell eines Besseren belehrt. Von Menschen wie der wunderbaren alten Dame in Schleiz. Und machte es mir zur Aufgabe, so oft wie möglich von einfachen Bürgern und ihrem Alltag zu erzählen, der anders war, als die meisten im Westen dachten. Das ist oft gelungen, ich habe eindrucksvolle Menschen getroffen und Filme machen können, an die sich heute so manche noch gut erinnern können. Doch eigentlich war das sehr schwierig – für beide Seiten, für die DDR-Bürger wie für den Korrespondenten.

Denn dazu brauchte man immer eine Genehmigung des Außenministeriums – und das suchte auch die Leute aus, mit denen Interviews geführt werden durften. Von der Regierung wurde man als »Auslandskorrespondent« akkreditiert und generell als Staatsfeind angesehen. Dass man einfach nur Journalist sein und fair über Land und Leute berichten wollte – das konnten sich die Spitzengenossen nicht vorstellen.

Bei Dreharbeiten im Harz lernte ich einen Förster kennen. Er lud mich zu sich nach Hause ein und präsentierte stolz: sein

Eigenheim. Ich fiel aus allen Wolken – nie hätte ich gedacht, dass im Arbeiter- und Bauernstaat ein einfacher Förster ein Eigenheim besitzen würde. Das hatte ich eigentlich nur den Bonzen zugetraut. Zurück in Berlin stellte ich sofort einen Antrag beim Außenministerium für das Thema »Eigenheimbau in der DDR« – am Beispiel ebendieses Försters aus dem Harz.

Es dauerte Monate, bis die Genehmigung kam. Dann der Schreck: Als Beispiel für einen DDR-Eigenheimbauer wurde mir ein Architekturprofessor in Weimar mit seinem Haus zugeteilt. Ich war sauer. Ich hatte doch mein eigenes Klischee im Fernsehen widerlegen, westliche Augen öffnen und zeigen wollen, dass die DDR manchmal anders ist, als man denkt. Und kriegte nun nicht meinen einfachen Förster, sondern einen Architekturprofessor!

Ich fürchte, ich habe den Mann im Interview nicht sehr nett behandelt. Als er sich mit dem vom Bezirk gestellten Betreuer zu einer Beratung zurückzog, stand plötzlich seine Frau neben mir. Sie steckte mir einen Brief zu, an ihre Schwester in Köln. Den sollte ich, zurück in Westberlin, einwerfen. Und dann schaute sie mich feindselig an: »Was machen Sie eigentlich mit meinem Mann?« Ich zuckte, ebenso kühl, mit den Schultern: »Ich mache ein Interview«. – »Haben Sie sich mal überlegt, was das hier für uns bedeutet? Wir machen das doch nicht freiwillig. Mein Mann ist zu diesem Eigenheim verdonnert worden. Ein Vorzeigeprojekt, angeblich. Aber das funktioniert natürlich nicht. Eigenheimbau in der DDR ist scheiße. Wir haben die Dachziegel geliefert bekommen, bevor ausgeschachtet war. Jetzt müssen wir das Zeug bewachen. Jeder in der DDR braucht Dachziegel. Wenn uns da was geklaut wird, sind wir dran, wir haben schließlich den Erhalt quittiert und würden nie eine Nachlieferung kriegen. Beim Bauen helfen uns manchmal zwei Studenten. Ich kann nicht mitarbeiten, ich habe vor kurzem meine Diagnose bekommen: Krebs. Wir haben wirklich andere Dinge im Kopf als das blöde Eigenheim. Und nun kommen Sie mit dem Westfernsehen und stellen blöde Fragen. Was soll mein Mann jetzt machen? Wenn er die Wahrheit sagt, fliegt er morgen aus seinem Job. Wenn er aber zu behaupten versucht, Eigenheimbau sei doch wunderbar, und Sie senden das – hier gucken doch alle Westfernsehen, dann sind wir für die nächsten Jahre das Gespött der Leute. Sagen Sie mir: Was soll mein Mann jetzt machen?«

Das war der Tag, an dem ich gelernt habe, dass man Journalismus in der DDR nicht einfach nach den Regeln und Maßstäben des Westens machen durfte. Dass es falsch sein kann, in »harten Interviews« nach der Wahrheit zu bohren – worauf wir Journalisten doch sonst immer so stolz sind ... Diese Begegnung in Weimar hat mich verändert, auch für die späteren Berufsjahre.

Den Film über »Eigenheimbau in der DDR« habe ich übrigens trotzdem gemacht. Aber der Architekturprofessor spielte darin keine große Rolle, musste nichts sagen, was für ihn hätte gefährlich werden können. Das hoffe ich jedenfalls. Wir sind uns nie wieder begegnet.

»Eine grüne Locke hatte nichts mit Punk zu tun, sondern mit Protest gegen die erstarrte Gesellschaft«

Jörg Prüße, Friseur

1969 in Berlin. Zwei Friseure.
Der eine heißt Jörg Prüße, hat gerade im Geschäft seines Vaters in Stralsund ausgelernt und besucht Ostberlin, bevor er zur Armee muss. Er jobbt im Bahnhof beim Mitropa-Friseur (Mitropa: Mitteleuropäische Schlaf- und Speisewagen-AG). Der andere heißt Udo Walz, hat in Stuttgart gelernt, kommt nach Westberlin, um der Wehrpflicht zu entgehen, und wird wegen seiner raffinierten Hochsteckfrisuren der Lieblingsfriseur der Reichen und Schönen. Während Udo Walz 1968 Romy Schneider für den Kinofilm ›Die Spaziergängerin von Sans-Souci‹ frisiert und damit seinen Durchbruch feiert, dauert es noch ein paar Jahre, bis Jörg Prüße in seinem Land berühmt wird.

»Eigentlich wollte ich gar nicht Friseur werden, dabei liegt das bei uns in der Familie. Mein Vater, meine Mutter, mein Sohn – alles Friseure. Ich wäre gerne Arzt geworden, aber mein Vater war als Selbstständiger in den Augen der Regierung ein Kapitalist, deshalb durfte ich nicht studieren. Das durften nur Arbeiterkinder. Und dann hat er mir ein Motorrad versprochen, wenn ich in den Betrieb einsteige – das hat den Ausschlag gegeben.«

Nicht nur die Liebe zum Beruf hat der Vater an den Sohn weitergegeben, auch zu besonderer Vorsicht im Umgang mit der Regierung wurde Jörg Prüße früh angehalten. Prüße senior wurde in Osnabrück geboren, aber aus Liebe zu seiner Frau zog er mit an die Ostsee, in die spätere DDR. »Mein Vater war immer auf der Hut, bis zum Schluss, dem hat das System ganz und gar nicht gefallen.«

Und dem System gefiel später ganz und gar nicht, was Prüße junior in seinem Geschäft in Ostberlin anstellte.

Zunächst begann seine Karriere ganz harmlos, er kehrte nach der NVA-Zeit zurück in die geteilte Stadt und eröffnete bald seinen ersten Salon in der Greifswalder Straße. Die jüngste Kundin in ›Jörgs Frisierstübchen‹ war damals 70 Jahre alt. Wasserwelle, Dauerwelle, Waschen, Schneiden, Legen, Föhnen – das Standardprogramm.

Bis die ersten jüngeren Kunden kamen, die andere nach sich zogen, weil sie begeistert waren von der Kunst ihres Friseurs. »Ich hatte immer eigene Ideen, und die versucht man natürlich den Kunden aufs Haupt zu drücken. Außerdem hatte ich das Talent zu erkennen, was jemandem steht. Haareschneiden kannst du jedem beibringen, aber wenn du diesen Blick nicht hast, wirst du nie ein guter Friseur.« Prüße ließ sich inspirieren, von Bildern in Zeitschriften, die Kunden aus dem Westen mitgebracht hatten, von Schallplattencovern oder auch von den Westbesuchern selbst. Sein Laden entwickelte sich schnell zum Sammelbecken für ausgefallene Leute. Hier arbeitete auch, wer keinen Abschluss als Friseur hatte, aber Begabung. Die, denen Prüßes Theorie einleuchtete, dass zu jeder Frisur und jedem Haartyp ein spezielles Schneidewerkzeug gehört. Dass man Locken und glattes Haar unterschiedlich behandeln muss und dass man experimentierfreudig sein muss als guter Friseur.

Um 1980 kamen die Kunden in sein Frisierstübchen und wollten nicht nur neue Schnitte, sondern auch kräftig Farbe in die Haare. Schüler wollten zum Beispiel mit knallig gefärbten Haaren Protest gegen das System signalisieren, junge Musiker den westlichen Punks nacheifern. Färbemittel waren allerdings Mangelware und Prüße musste sich etwas einfallen lassen. »Gefärbt haben wir mit einem Mittel gegen Fußpilz aus der Apotheke, im Wasser sah das blau aus, auf blonden Haaren wurde daraus ein Grünton. Für rot brauchten wir Desinfektionsmittel. Um sie bunt zu bekommen, haben wir die Haare eine halbe Stunde in Wasserfarben getaucht. Tamara Danz, der Sängerin von Silly, habe ich versprochen, kopfüber mit ›Hansaplast flüssig‹ die Frisur zu machen, dadurch standen die Haare ganz wunderbar bei feinem Haar wie ihrem. Während man das Klebezeug sprühte, musste man die Luft anhalten, das nahm einem ja den Atem. Aber es sah toll aus. Wenn sie das aus den Haaren wieder raushaben wollte, musste sie sich eine halbe Stunde in die Badewanne legen, und dann wurde diese Schicht weiß und man konnte sie abziehen.«

Blaue Haare, stehende Schöpfe, rote Strähnen – das gab es in den Achtzigern im Westen wie im Osten. Im Westen war die Dauerwelle beliebt bei Männern wie bei Frauen, Männer trugen Vokuhila, gern in Kombination mit Oberlippenbärtchen (mioliba), aufgemotzt mit einer einzelnen langen Strähne im Nacken. Popper liebten den Seitenscheitel, Nena machte die Löwenmähne populär und Dieter Bohlen die Föhnfrisur. In Bottrop oder Flensburg wurde man möglicherweise ausgelacht für grün gefärbte Strähnen, in Ostberlin konnte man sich damit 1980 noch einen Schulverweis einhandeln. »Eine grüne Locke hatte nichts mit Punk zu tun, sondern mit Protest gegen die erstarrte Gesellschaft«, erinnert Prüße sich.

Haare färben als seine Art von Protest gegen das Regime – diese Interpretation will sich der berühmte Ostfriseur jedoch nicht unterschieben lassen. »Es wurde zum Protest, ohne dass ich es wollte. Mit einer anderen Farbe oder einem anderen Schnitt sind die Leute zum Teil von der Schule geflogen. Danach sind die Eltern zu mir gekommen. Sogar der Zentralrat hat gesagt, dass ich doch mal ein bisschen anders schneiden soll.«

Prüße wollte immer nur ein guter Friseur sein. »Natürlich gab es wegen der grünen Haare Ärger. Aber geh doch mal im Westen mit grünen Haaren zu einer Bank, um dort zu arbeiten, die schicken dich auch wieder nach Hause.«

Einfach abzuhauen, um im Westen nach Lust und Laune färben und frisieren zu können, ohne sich dafür rechtfertigen zu müssen, war für ihn nie eine Option. »Ich hatte nie die Vorstellung, dass drüben alles besser ist, sonst wäre ich ja rübergegangen. Mir war klar, dass die Leute da auch arbeiten müssen.« Mit anderen war er sich darüber einig, dass man ruhig in der DDR bleiben kann, wenn alle Idioten wegen eines schicken Wagens oder Videorekorders in den Westen gehen. Im Bekanntenkreis wurde oft darüber diskutiert, dass man sogar zum Bleiben verpflichtet ist, damit die Betonköpfe nicht irgendwann ganz unter sich sind und dann machen, was sie wollen. Ausreisen hätte für Prüße und seine Freunde bedeutet aufzugeben.

Durch seinen Salon und die Frisurenshows »Chic und Choc mit Jörg«, die er später veranstaltete, genoss Prüße einen besonderen Status, konnte sich als Künstler einiges herausnehmen, für das andere belangt worden wären. Er versuchte diesen Vorteil zu nutzen, um etwas in Bewegung zu bringen. »Für die ›Messe der Meister von Morgen‹ haben wir heimlich eine Show zum Thema Abrüstung vorbereitet. Die Modelle hatten zerschnittene NVA-Uniformen an, auf dem Kopf trugen sie einen Panzer oder Flugzeuge in den Haaren, alles aus Plaste.« Als Musik lief Bruce Springsteens Song ›The War‹, zuletzt kam Prüße auf die Bühne, »mit dem Muttermal von Gorbatschow«, das er sich auf die Glatze geklebt hatte. »Und ich habe sie sozusagen befreit von den Kriegsgeräten.« Nun schlug die Stimmung auf der Bühne um, Musik von Vollenweider erklang und Prüße kämmte die langen Haare der Modelle aus, »die waren dann schwarz, rot, gold.

Das Foto zeigt Jörg Prüße zusammen mit seinem jüngsten Sohn im Garten der Eltern in Binz auf Rügen. »Nacktsein war so normal für uns! Das bedeutete Freiheit. Wenn ich heute eine Show mache mit Körperbemalung, muss immer der Slip anbehalten werden. Das Ostgefühl verbinde ich mit nackter Freiheit.«
Für die einen Gruppenzwang, für die anderen Ausdruck von Selbstbestimmung: Nacktbaden war ein großes Thema im Osten. Die DDR-Regierung versuchte in den 50er-Jahren erfolglos die Ausbreitung des Nacktbadens zu verbieten. Im Mai 1954 gab es zum Beispiel in der Nacktbadehochburg der Künstler und Intellektuellen in Ahrenshoop Durchsagen am Strand, die das nackte Schwimmen untersagten. Zu dieser Zeit soll es auch gewesen sein, so wird gerne erzählt, dass der damalige Kulturminister der DDR, Johannes R. Becher, eine nackte Frau als alte Sau beschimpfte. Diese FKK-lerin war Anna Seghers, die ihn bei der Verleihung des Nationalpreises an diese Begegnung erinnerte: Als Becher sie als »Liebe Anna« begrüßte, soll sie erwidert haben: »Für dich, Hans, immer noch die alte Sau!«

Foto: Heidrun Prüße

Alle Beteiligten wussten, das kann uns gefährlich werden. Aber ich konnte – auch als Friseur – auf diese Weise meine Haltung ausdrücken und das vor den ganzen FDJ-Fritzen.« Der Auftritt blieb beinahe ohne Folgen, Prüße wurde lediglich gebeten, die Show in Friedensshow umzubenennen und nicht mehr als Gorbatschow aufzutreten. »Uns war klar, wie das lief, und auch wie weit wir gehen konnten. Wir wurden schon mal von der Polizei mitgenommen, aber immer gleich wieder freigelassen.«

Auch wegen dieser Shows wurde er als einziger DDR-Friseur als Unterhaltungskünstler eingestuft. Die entsprechende »Pappe« ermöglichte Reisen in den Westen. Die Berliner Friseurinnung distanzierte sich jedoch von ihrem Kollegen und ließ nach der Friedensshow verlauten: »Wir sind froh, dass wir in Frieden mit der Regierung leben, aber Sie gefährden das alles. Die Show zur Abrüstung ist eine Provokation. Die Friseurinnung will damit nichts zu tun haben.«

Einmal allerdings schätzte Prüße die Situation falsch ein und ging einen Schritt zu weit. Nach der Meisterschaft der Friseure in der Kongresshalle am Alexanderplatz wurde er 1987 von der Bühne weg verhaftet. Die Innung bescheinigte ihm einen »antisozialistischen Frisurenstil«. Er kam in eine Einzelzelle und einige Tage später legte man dem berühmten Frisurenkünstler nahe, die DDR zu verlassen.

Damals sei er schon ins Nachdenken gekommen, erinnert er sich. Über die Möglichkeit, ganz ohne Stress und friedlich in den Westen zu gehen, hätten sich viele gefreut. Er hatte am Beispiel seiner Schwester erlebt, wie Menschen zugesetzt wurde, die einen Ausreiseantrag gestellt hatten. Aber Prüße hat das System und den Staat nie als Unrecht empfunden. »Wir können uns jetzt den ganzen Tag darüber unterhalten, was ich an diesem heutigen Staat, der Bundesrepublik im Jahr 2014, nicht gut, was ich ungerecht finde. Was der Einzelne erwartet, hängt sicher auch von seinem Intelligenzquotienten ab. Jedenfalls konnte in der DDR keiner durchs Netz fallen, arbeitslos konnte da keiner werden. Diese Sicherheit war auch etwas wert.«

Seine Ablehnung des Ausreiseangebots »belohnte« die Staatssicherheit mit Posten, die vor seinem Laden patrouillierten und beobachteten, mit welchen Frisuren die Kunden das Geschäft verließen, und mit nächtlichen Einschüchterungsversuchen wie eingeworfenen Scheiben und einer demolierten Einrichtung. Aber auch das hat ihn in seinem Glauben daran, dass man zusammenhalten und zusammenbleiben muss, wenn man etwas verändern will in der DDR, nicht erschüttert.

Nach der Wende wurde Prüße als prominenter Friseur in Talkshows eingeladen, um von seinem wilden Leben im Osten zu berichten und von seinem neu eröffneten Salon im ehemaligen Grenzgebiet (für den er seinen Friseurmeister im Westen noch einmal machen musste). Am meisten überrascht hat ihn damals das seiner Meinung nach schiefe Bild, das sich Westdeutsche über den Osten machten. »Angefangen bei dem Spruch: Euer Geld war nichts wert! Wenn ich aus dem Westen komme und andere Maßstäbe anlege, dann ist das natürlich traurig. Früher war Geld bei uns nicht so wichtig, es gab andere Werte. Das war gar nicht mal so schlecht.«

Prüße musste sich auch Vorwürfe gefallen lassen: Er sei nur deshalb mit seinen verrückten Ideen immer durchgekommen, weil er für das Ministerium des Innern, für die Stasi gearbeitet habe. Nur deshalb habe er auch so oft in den Westen reisen dürfen. Für die Aufnahme in den Friseurweltverband musste er 1992 seine Akte anfordern. Der Verband bestand darauf, ihn zu überprüfen, denn »der muss doch bei der Stasi gewesen sein«. Doch er konnte belegen, dass an all diesen Vorwürfen nichts dran war, und bekam seinen »Persilschein«.

Heute scheint ihm das alles weit entfernt, sein Sohn John ist inzwischen Mitte 30 und selbst leidenschaftlicher Friseur, mit eigenem Salon in Berlin Prenzlauer Berg, er spricht nicht mehr von Ost und West.

»Es tut mir leid, wenn Leute nicht erkennen, dass man nicht in der Vergangenheit leben kann. Ich weiß, dass es vielen aus dem Osten damals richtig mies ging, und wenn ich die heute treffe, erzählen sie Geschichten, in denen das ganz anders klingt, und glauben das. Dieses Verzerren der Vergangenheit ist doch schlimm.«

»Im Osten hatte jeder mal eine Dauerwelle«
Udo Walz, Friseur

Als Udo Walz nach Westberlin kam, war die Stadt eine Insel. Die Menschen waren sehr auf sich konzentriert, auf ihr eigenes Schaffen und Umfeld. Was im Osten passierte, war weit weg. Auch für einen Mann, der sich schnell einen besonderen Ruf als Friseur erarbeitete. Udo Walz erinnert sich heute nur noch daran, dass der Osten für ihn das Land mit den Beton-Dauerwellen war. »Luftgetrocknet, schrecklich. Ich habe nie gerne Dauerwellen gemacht, aber ich glaube, im Osten hatte jeder mal eine.«

Gefärbt wurde bei seinen Kundinnen klassisch: blond, brünett, braun oder rot. Blau oder ähnlich extravagante Farben auf dem Schopf einer Kundin im Salon Udo Walz – unvorstellbar. »Die Punks liefen natürlich so herum, aber die ließen sich die Haare ja nicht vom Friseur färben.«

Dass Farbe nicht nur als Ausdruck des Widerstands im Osten gern getragen wurde, konnte Udo Walz damals auch den Fernsehbildern entnehmen. »Die hatten ja alle immer zwei Farben auf dem Kopf, blond und braun oder so. So wie Dagmar Frederic zum Beispiel. Noch heute besuchen manchmal Frauen meinen Salon mit zweifarbig getönten Haaren, und wenn ich sie frage, ob sie aus den neuen Bundesländern kommen, sind sie immer ganz erstaunt, dass ich das erkannt habe.«

Nach der Wende zählte auch die Ostprominenz zu seinen Kunden: Tamara Danz, Frank Schöbel und viele andere. Außerdem stellten sich junge Friseure vor, die gern bei ihm arbeiten wollten. »Die waren top! Sehr, sehr fleißig, super ausgebildet, die konnten was, und nicht nur Dauerwelle. Nur was Strähnchen anbelangt, musste ich einigen zeigen, wie wir das mit Folien machen, die hatten das ja noch mit einer perforierten Badekappe gelernt, durch die die Haare gezogen wurden.«

»Wir haben durchhalten gelernt«
Marco Müller, Küchenchef

Wie kann man sich zu einem der ambitioniertesten und innovativsten Köche Deutschlands entwickeln, wenn man zu Hause nie eine Kiwi gegessen hat, geschweige denn Himalayasalz mit Hawaiisalz vergleichen konnte? Wie erkocht man sich einen Stern, mehrere Küchenpreise und 17 Punkte im Gault-Millau, ohne während der Ausbildung durch Italien gereist zu sein oder die französische Küche an ihrem Entstehungsort erlebt zu haben? Und wie oft muss man sich nach 25 Jahren diesen Fragen noch stellen?

Wer Marco Müller kennenlernt, würde bei seiner Herkunft vielleicht auf Hessen tippen oder Süddeutschland. Bei ihm gibt es in der Sprache kein »icke« und »dolle« oder »Stücke Kuchen« wie es für einen Brandenburger typisch wäre, sondern ein »bissel was« und »Buben«. Er spricht meist hochdeutsch ohne Berliner Einschlag, darauf hat seine Mutter viel Wert gelegt, die »die typische Schnauze der Gegend hier prollig fand«.

Nicht selten hat er erlebt, dass sein Gegenüber überrascht ist zu hören, dass er aus Potsdam-Babelsberg stammt: »Ach, aus dem Osten kommst du?« Diese Verwunderung, dieses »Das hätte ich ja nicht gedacht«, ärgert ihn. Was hat der andere denn erwartet? Warum ist das überhaupt bemerkenswert? Doch Marco Müller weiß: »Diese Reaktion ist allgegenwärtig und hat sich über die Jahre nicht verändert.«

Seit 2004 ist er Küchenchef in der Berliner Weinbar Rutz. Sie liegt in der Chausseestraße, heute eine Großstadtstraße wie viele: eine Bäckerei, ein asiatischer Imbiss neben einem Supermarkt und einer Drogeriekette, dazwischen auf zwei Etagen das Rutz, unten das rustikale Weinbistro mit Weinverkauf, oben Sterne-Gastronomie. Früher aber war diese Straße ein Stück geteiltes Deutschland: Die Chausseestraße beginnt am Oranienburger Tor im Ortsteil Berlin-Mitte und verläuft in nordwestliche Richtung bis in den Wedding, zwischen 1961 und 1989 trennte die Berliner Mauer das letzte etwa 200 Meter lange Stück dieser Straße. Auch einen Grenzübergang gab es hier in Höhe der Liesenstraße.

Marco Müller war 19 Jahre alt, als die Mauer fiel, und hatte als Koch bereits ausgelernt. Eher zufällig war er in diese Lehre gestolpert, hatte zunächst an ein Studium gedacht, Kunst oder Geschichte. Er wurde aufgrund des im Osten geforderten Notendurchschnitts, den er nicht ganz schaffte, nicht zum Abitur zugelassen, und er weigerte sich, über eine Verpflichtung bei der Armee die Zulassung zur Prüfung zu erlangen. Lieber nahm er eine Lehrstelle als Koch an. »Die Ansprüche bei der Speisenzubereitung und wie die Restaurants geführt wurden, waren nicht sehr hoch. Meine Lehrherren hatten es nicht leicht mit mir, ich wollte immer viel.« Schließlich kannte Müller aus seinen Kindertagen Berliner Restaurants, die oberhalb des Standards von Würzfleisch und Klopsen kochten. Seine Eltern hatten ihn ins Grand Hotel und ins Hotel Neptun mitgenommen. »Man hat mich dann aber so gut wie möglich gefördert und innerhalb der Ausbildung versetzt, mal auf einen Schlachthof, mal in ein Fischrestaurant. Ich bin also viel rumgekommen und habe auch andere Dinge kennengelernt als nur den Standard in meinem Lehrbetrieb. Die theoretische Seite der Ausbildung war im Osten eins a, in Teilen besser als heute.«

Müller sitzt an einem der schlichten Holztische auf der Dachterrasse »seines« Restaurants in einem bunten Karohemd und Jeans, er lächelt oft, während er sich erinnert.

»Die ohnehin begrenzten Mittel in der DDR wurden zusätzlich limitiert. Bestimmte Lebensmittel zum Beispiel waren nur für die Oberen vorgesehen, an die kam man gar nicht heran. In den Restaurants für ausländische Gäste wurde all das aufgetischt, was es auch im Westen gab. Und alles wurde standardisiert: Die Autos sollten gleich aussehen, alle Wohnungen sollten gleich aussehen und am besten sollten alle auch noch Uniform tragen wie bei Adolf«, entrüstet Müller sich. Für seine Arbeit in der Küche bedeutete diese Gleichmacherei in erster Linie Langeweile: »Es gab überall das gleiche Essen, hier wie in Dresden. Das ist natürlich für einen jungen Menschen, der sich vorstellt, diesen Job ein Leben lang zu machen, ein Grauen. Egal wo man hingeht – das identische Angebot. Dann braucht man auch nicht zu wechseln, kann da, wo man seine Lehre gemacht hat, alt werden.« Nicht zu resignieren bei der Aussicht, Tag für Tag bis ans Ende des Erwerbslebens Grilletten zu braten, wie die Hamburger in der DDR hießen, oder Ketwurst, die im Westen als Hot Dog verkauft wurde, war nicht einfach. Zu wissen, dass es nur regionale Geschmacksunterschiede gab bei Goldbroiler, Soljanka und Thüringer Klößen, machte den Beruf für einen jungen Mann nicht gerade spannend.

Dazu kamen Eigenarten, die auch Besucher aus dem Westen noch heute gut in Erinnerung haben. Zum Beispiel die »Reserviert«-Schildchen auf vielen Tischen, selbst in nahezu leeren Restaurants. »Natürlich lagen gar keine Reservierungen vor, aber die Schilder sorgten dafür, dass man sich nicht totarbeitete, man wurde ja nicht nach Umsatz bezahlt. Und man suchte sich gern aus, wen man bedienen wollte. Am liebsten waren uns Gäste, die Westgeld oder Dollars als Trinkgeld gaben. Wer einen kleinen Beitrag für die Kaffeekasse leistete, bekam auch einen Tisch. Man kann sagen, die Gäste bezahlten so etwas wie Eintritt für ihren Restaurantbesuch. Das konnte die Servicemannschaft sich erlauben, weil der Andrang immer da war. Essen gehen war eine beliebte Freizeitbeschäftigung im Osten.«

Für Marco Müller war es nach Ende der Ausbildung nicht selbstverständlich, in diesem Beruf zu bleiben. Er fand dann aber einen Weg, wie ihm der Job Spaß machte. »Sobald es möglich war, bin ich nach Berlin gegangen. Ich brauchte einen Laden, in dem ich weiterkomme, was dazulerne. Erst mal Fuß fassen und gucken, was los ist. Damals dachte ich noch: Alle kochen mit Wasser. Später habe ich gemerkt, die kochen nicht nur mit Wasser, sondern auch mit Geflügelfond und ein paar anderen Sachen. Erste Anlaufstelle war für mich damals das Schlosshotel im Grunewald, die suchten jemanden.«

Tatsächlich war die fehlende Warenkunde für ihn in der ersten Zeit im Westen das größte Problem. Zur Erinnerung daran hängt noch heute das Titelblatt der Satire-Zeitschrift ›Titanic‹ aus dem November 1989 mit der Überschrift: »Zonen-Gabi im Glück: Meine erste Banane« in seiner Wohnung. Müller lacht bei der Erinnerung an die für ihn »katastrophale« erste Zeit im neuen Job unter lauter Westdeutschen. »Fachlich und von meinen Grundvoraussetzungen her war ich den Jungs definitiv gewachsen, ich konnte wenigstens ordentliche Saucen zubereiten. Das Fundament hatte ich gelernt: konzentriert zu arbeiten, vernünftig abzuschmecken und vor allem aus nichts viel zu machen, das war für den Osten ganz typisch. Wir mussten uns ja oft der Herausforderung stellen, wie man ein leckeres Essen kocht, auch wenn es an bestimmten Zutaten fehlt.«

Marco Müller sinniert und wirkt zufrieden, auch bei den unangenehmen Erinnerungen an diese erste Zeit im Westen. »Ich werde ungern kritisiert. Vor allem, wenn ich gar nichts dafür kann, damals fehlte mir schlichtweg die Produktkenntnis. Außerdem bin ich zu ehrgeizig. Am Anfang hat mein Küchenchef mich mal in den Keller geschickt, um einen Lollo Rosso zu holen. Ich wusste nur, dass das ein Salat ist.« Müller wollte nicht als Blödmann aus dem Osten dastehen und fragte nur dann nach, wenn es sich nicht vermeiden ließ. »Allerdings hatte ich nicht damit gerechnet, dass da zehn Salatsorten im Kühlschrank liegen. Die sahen für mich alle gleich aus. Ein Lehrling läuft vorbei, ich frage also: ›Lollo Rosso?‹

Die Glienicker Brücke führt über die Havel von Potsdam nach Berlin. Bekannt geworden ist dieser Ort durch den Agentenaustausch am 11. Februar 1986. Genau in der Mitte der Brücke gab es einen Grenzstrich, der die DDR von der BRD trennte. 1952 wurde die Brücke für den Autoverkehr gesperrt, Fußgänger brauchten eine Sondergenehmigung, um sie zu überqueren. Am 10. November 1989 wurde die Brücke wieder geöffnet. Für den Potsdamer Marco Müller steht dieser Blick für sein Ostgefühl. »Nur ein paar Meter, und man wäre im Westen gewesen, daran muss ich auch heute noch denken, wenn ich hier entlangfahre.«

Foto: Anja Goerz

Der drückt mir einen Salat in die Hand: ›Hier.‹ Frisee war das. Hat er den Ossi schön verarscht.« Mächtig angeschrien hat ihn sein Chef damals und Marco Müller hat sich anschließend noch mehr reingehängt.

Heute ist er mehrfach ausgezeichnet, gehört zu den besten Köchen Deutschlands, und für seine Menüs muss man mehr bezahlen als für eine Markenjeans.

Er hat sich seinen Erfolg hart erarbeitet und klingt überzeugt, als er für seine Landsleute Stellung bezieht. »Ohne Ossis würde die Gastronomie heute nicht mehr so gut laufen. Kaum einer, der im Westen aufwächst, tut sich den Stress in der Küche an, der Großteil will sofort erfolgreich werden.« Müller ist sich sicher, dass die ehemaligen Lehrlinge aus dem Osten mehr Biss zeigen und auch in schwierigen Situationen länger durchhalten. Viele seiner ehemaligen Mit-Auszubildenden aus dem Westen haben aufgegeben und arbeiten heute in anderen Berufen. Auch deshalb ist er davon überzeugt, dass der Osten die heutige Gastronomieszene entscheidend mitgeprägt hat.

»Klar haben nicht alle im Osten gelernt zu arbeiten. Die hatten ja ihren Job, auch wenn sie nichts geleistet haben, da wur-

de keiner entlassen, weil er faul war. Es gab keine Arbeitslosigkeit, alles war subventioniert. Ein Riesenleben für so manche. Die haben ihre acht Stunden runtergerissen und ihr Geld bekommen, egal ob sie es gut oder schlecht gemacht haben. Dass man durchs Raster fallen kann, wenn man nichts tut, wurde einem nicht beigebracht. Ich glaube, deshalb war es für viele Leute schwierig, als sie in den Westen kamen. Und das ist bis heute so geblieben.«

Inzwischen treffen nach und nach seine Mitarbeiter im Restaurant ein, auf dem Tisch stehen benutzte Kaffeetassen, Jacken hängen über den Stühlen, und Küchenkräfte und Servicemitarbeiter tauschen sich über den vorangegangenen Abend aus. Die Atmosphäre ist familiär, das Tempo (noch) gemütlich und die Stimmung sehr entspannt. Also doch Ost-Mentalität? Soziales Miteinander im Team statt Chefgehabe? »Nein. Das hat damit nichts zu tun. Ich kenne einige Küchenchefs, auch Freunde, die es heute nicht anders handhaben, und die kommen zum Beispiel aus Süddeutschland. Ich wollte immer ein Restaurant leiten, in dem man gemeinsam isst, trinkt, miteinander arbeitet, und wenn jemand ein Problem hat, soll er zu mir kommen. Wir verstehen uns mehr als Familienmitglieder oder Partner. Deshalb müssen wir auch darauf achten, füreinander da zu sein, damit man sich wohl und aufgehoben fühlt. Ich glaube nicht, dass diese Art der Mitarbeiterführung vom Osten geprägt ist.« Er klingt ein klein wenig zögerlich bei dieser Antwort, als sei er sich nicht sicher. Gleichwohl kann das auch eine Charaktereigenschaft sein. Marco Müller ist ein zurückhaltender, höflicher Mensch, der sich nur im allergrößten Stress in der Küche zuweilen zu einem »Hurrikan« entwickelt, wie seine Mitarbeiter verraten. Im persönlichen Gespräch strahlt er fast buddhistische Ruhe aus, selbst wenn er unangenehmen Erinnerungen nachhängt. »Nach der Wende bin ich so gut ins Leben gestartet, dass ich mir als Ossi nie schlecht vorkam. So wie andere, die das Gefühl haben, durch die Wende zu Verlierern geworden zu sein. Ohne Arbeit, ohne Geld, ohne Perspektive war ich nie. Irgendwann nach dem fünftausendsten Mal habe ich damit aufgehört, meine Geschichte zu erzählen, immer denselben Mist. Es ging mir auf den Wecker, wenn der sensationsgeile Wessi fragte: ›Wie war es denn, als du die erste Banane in der Hand hattest?‹ Halt die Klappe, habe ich dann gedacht, und hätte am liebsten gefragt: Wie war denn deine erste Banane?«

Schwierig ist es für ihn bis heute, mit der Oberflächlichkeit klarzukommen, die ihm immer wieder begegnet. Eine Eigenart, die man seiner Erfahrung nach häufiger beim Westler antrifft. In der ersten Zeit nach der Wende hat er erst einmal lernen müssen, dass jemand, der sich erkundigt »Wie geht's?«, nicht wirklich wissen will, wie es um die Gesundheit bestellt ist. »Wenn im Osten früher diese Frage kam, dann hatte derjenige auch wirkliches Interesse am Befinden des anderen, ansonsten hat er gar nicht erst gefragt. Diese Oberflächlichkeit und das Desinteresse waren schwierig für mich. Wir im Osten waren auf gewisse Weise ehrlicher. Klar, wenn jeder Zweite bei der Stasi ist, ist es schwierig mit der Ehrlichkeit, aber wir waren direkter, ehrlicher in der Ansprache.«

Zum ersten Mal klingt echter Stolz auf seine Herkunft durch in diesem Gespräch, zum ersten Mal wirkt Marco Müller nicht völlig kontrolliert, als er sich auf weitere Stärken besinnt. »Wir haben durchhalten gelernt. Tatsächlich ist das ein Punkt, bei dem ich sagen kann: Es war nicht alles schlecht in der DDR. Wir haben Werte vermittelt bekommen, wir haben noch den ehrlichen Handschlag gelernt. Das heißt, dass man sich in die Augen guckt und sagt: Wir verstehen uns und sind uns einig, wir brauchen keinen schriftlichen Vertrag.«

Eine ganze Zeitlang hat sich Marco Müller in Gesprächen mit Westlern den Stolz auf das verkniffen, was er seiner Herkunft zuschreibt. Er hat sich Angeberei und Besserwisserei schweigend angehört, sich dabei aber immer seinen Teil gedacht. »Als es beruflich für mich aufwärts ging und ich an meiner Karriere gebastelt habe, da habe ich mir schon überlegt, wem ich erzähle, dass ich aus dem Osten komme. Ob nun bewusst oder unbewusst, das Gegenüber machte da durchaus Unterschiede. Als Ossi war man eben anders. Das ist bis heute so. Einige Kollegen aus der ehemaligen DDR halten heute noch die Klappe, woher sie stammen. Ich bin der Meinung, man muss damit nicht hausieren gehen, aber man muss seine Herkunft auch nicht verschweigen.«

»Westberliner Gäste wollten nicht vom Ossi bedient werden«

Peter Frühsammer, Westberliner Spitzenkoch

Die Schwaben haben es in Berlin nicht gerade einfach. Ihretwegen würden Altbauten luxuriös saniert und seien fortan für die gebürtigen Hauptstädter nicht mehr bezahlbar, heißt es. Dem »Schwabenhass« ist sogar ein eigener Eintrag bei Wikipedia gewidmet. Etwa 300 000 Menschen aus dem Ländle sollen inzwischen in Berlin leben, einer von ihnen ist Peter Frühsammer aus dem Dorf Burgberg, der 1978 seinen ersten Job in der Küche des Berliner Hotels Kempinski antrat, um der Musterung zu entgehen. Nach einigen Zwischenstationen in anderen Bundesländern eröffnete er 1983 sein erstes Restaurant an der Rehwiese in Berlin-Grunewald, zwei Jahre später wurde er mit dem ersten Michelin-Stern ausgezeichnet. Heute findet man »Frühsammers Restaurant« in der Villa des Grunewald Tennisclubs. Der Koch soll eine der bedeutendsten Weinsammlungen der Stadt besitzen, inzwischen kocht hier seine Frau Sonja auf höchstem Niveau und beide legen großen Wert auf ein gutes Miteinander im Restaurant. Das galt auch, als sich kurz nach der Wende – in der Berliner Gastronomie herrschte Fachkräftemangel – die ersten Bewerber aus dem Osten bei ihm vorstellten. »Das waren sehr gut ausgebildete, zuverlässige Leute«, erinnert er sich. Wer einen ausgeprägten Dialekt hatte, konnte allerdings nicht im Service eingesetzt werden. »Die Westberliner Gäste wollten nicht vom ›Ossi‹ bedient werden, das haben sie mir, manchmal auch sehr plump, genau so gesagt.« Auf diese Gäste aber, die bereit waren, mehr als hundert Mark pro Person am Abend für ein Essen zu bezahlen, konnte Frühsammer nicht verzichten. »Die Zahl der Gäste nahm sowieso ab. Die Goldgräberstimmung in der Zeit nach der Wende haben wir auch im Restaurant gespürt. Die Stammgäste sind weggeblieben, die waren damals damit beschäftigt, Arztpraxen in Cottbus zu eröffnen oder Mietshäuser in Frankfurt an der Oder zu kaufen.«

Frühsammer gründete mit Kollegen einen Arbeitskreis für Köche aus Ost und West, um sich auszutauschen und über Vergangenheit und Zukunft, über Gemeinsamkeiten und Unterschiede in den Küchen zu sprechen. Diese Gruppe von Ost- und Westköchen nahm auch gemeinsame Aufträge an, kochte zum Beispiel für den damaligen Bundeskanzler Kohl beim Kanzlerfest eine »Nudelstraße«. Als »sehr wertvoll« empfindet er diese Zeit heute.

»Natürlich war nicht immer alles ganz einfach. Man musste toleranter sein mit den neuen Mitarbeitern. Die Leute aus dem Osten hatten überhaupt kein Wissen über Edelprodukte wie internationalen Wein oder Käse, aber sie hatten andere Vorzüge, waren unglaublich wissbegierig und haben gelernt und gelernt.«

Frühsammer half gern nach, zum Beispiel mit besten Weinen aus seinem Keller, die mit Auszubildenden verkostet wurden. »Wer damals Vorurteile gegen Ossis hatte, hat die heute immer noch. Natürlich haben einige ein bestimmtes Vokabular und einen besonderen Chic oder knallbunte Fingernägel mit kleinen Vögelchen drauf, aber solche Besonderheiten gibt es ja in jeder Region Deutschlands.«

Der Umgang unter Kollegen war von Wertschätzung geprägt, man begegnete sich auf Augenhöhe, trotz der unterschiedlichen Vorbildung. »Die Kochszene der DDR war ja schon kurios, aber einige wenige versuchten etwas Besonderes. Zum Beispiel Doris Burneleit, die in Ostberlin ein italienisches Lokal betrieb, und das mit der Aussicht, niemals in dieses Land reisen zu dürfen. Absurd war das, aber erfolgreich.«

»Ich habe nicht für möglich gehalten, dass mir mal die ganze Welt offenstehen würde«
Michael Frenzel, Hoteldirektor

Michael Frenzel hat Karriere gemacht, aus Sachsen stammend, hat er es zum Direktor eines Weltklassehotels gebracht. Er ist heute General Manager des Fünfsternehotels Palace in Berlin, eines der »Leading Hotels of the World« mit 245 Zimmern und 33 Suiten gegenüber dem Zoologischen Garten. Wir treffen uns im hauseigenen Café, er trägt einen dunkelblauen Anzug mit perfekt gebundener Krawatte und Einstecktuch, die Haare sind kurz geschnitten, die dunkelbraunen Augen registrieren aufmerksam, aber unauffällig jede Bewegung der Gäste und seiner Mitarbeiter.
Michael Frenzel wurde 1971 in Plauen im Vogtland geboren. »Damals waren es noch 80 000 Einwohner, inzwischen sind es wohl nur noch 66 000.« Fern der Großstädte war der Schüler Frenzel weder getrieben von dem Wunsch, die weite Welt zu sehen, noch hatte er andere damals unrealistisch erscheinende Ziele. »Ich wollte eigentlich Lehrer für Deutsch und Geschichte werden. Aber das war ja in der DDR nicht so einfach. Die Schwester meines Vaters lebte im Westen, in Westfalen, das war politisch nicht einwandfrei, deshalb hat man mir das Abitur verweigert.« Ganz ohne Groll stellt Michael Frenzel das heute fest.
Letztendlich hat sich die Zwangsentscheidung von damals als großes Glück herausgestellt. Weil er als Kind bereits bei Verwandten in der Kneipe ausgeholfen hatte, lag die Ausbildung im Restaurantfach nahe, als er sich kurz vor Beginn des neunten Schuljahres für einen Lebensweg entscheiden musste. Zu DDR-Zeiten waren Berufe in der Gastronomie sehr begehrt, dort konnte man gut verdienen. »Die Restaurants sind immer voll gewesen. Die Leute wussten nicht, wohin mit dem Geld. Man konnte ja wenig sofort kaufen und da hat man seine DDR-Mark eben ins Restaurant getragen.«

Man konnte sich spontan etwas gönnen, worauf man nicht Wochen, Monate oder gar Jahre warten musste, wie auf einen Fernseher oder gar ein Auto.

Wenn der schlanke, sehr gepflegte Mann heute vor einem sitzt und man ihm dabei zusieht, wie er freundlich, aber bestimmt mit dem Personal umgeht, dann ist es kaum vorstellbar, dass er sich vor mehr als zehn Kommissionen vorstellen musste, bevor er einen Ausbildungsplatz bekam. 1987 begann er seine Lehre als Kellner. »Ich habe damals nicht für möglich gehalten, dass mir irgendwann einmal die ganze Welt offenstehen würde. Dass diese gewaltigen Änderungen auf uns zukommen würden. Ich wollte einfach etwas machen, das nicht zu eintönig ist.«

Zwei Hotels gab es in Plauen und mehrere Restaurants. Die Preiskategorien waren generell unterteilt in eins bis vier, vom Imbiss (eins), über gewöhnliche Lokale (zwei), dann folgte die gutbürgerliche Küche (drei) und in der Kategorie vier (früher 3K) spielte Livemusik. Die Speisekarten glichen sich von Rostock bis Leipzig, ebenso die Preise. Hinzu kam die Nobelschiene S, hier gab es etwa Havelzander oder Rumpsteak mit ausgewählten Beilagen und Zutaten (wie zum Beispiel besonderen Gewürzen). Diese Sonderstufe war teurer, mit einem Preisaufschlag von 50 (»plus 50«), 100 oder 120 Prozent. In den einfachen Lokalen gab es das komplette Menü aber bereits ab 2,50 DDR-Mark, ein Preis, mit dem keine Hausfrau konkurrieren konnte. Auswärts essen war auch deshalb im Osten sehr beliebt.

»Unser Restaurant ›Freundschaft‹ war ein ›S plus 75‹ und bot tolle Gastronomie im Rahmen des Möglichen. Kein einziges Gericht wurde auf dem Teller aus der Küche heraus serviert, sondern es wurde am Tisch tranchiert, flambiert, filetiert. Gerade wegen der Mangelwirtschaft versuchten die Küchenchefs sehr kreativ zu sein und aus dem Nichts irgendetwas zu basteln.« Die »S plus 120«-Restaurants waren zum Großteil in den Interhotels untergebracht, die DDR-Bürger hatten zu den Lokalen dort keinen Zutritt, ausgenommen Politiker und andere Größen, ansonsten speiste hier das »kapitalistische Ausland«. Man zahlte ausschließlich mit Valuta und ein Kontakt der Ostbürger mit den Gästen »von drüben« war nicht erwünscht.

Allgemein zugänglich war hingegen das »Jade« im Berliner Palasthotel, ein »S plus 120«. Wer außergewöhnliche Speisen und ein luxuriöses Ambiente wollte, mit besonders vornehmen Kellnern und Speisen, die es in anderen Restaurants niemals gab, trug sein Erspartes hierher. Als besonders hat Frenzel auch manche Hotels an der Ostsee in Erinnerung. »Hier wurde streng nach Ost und West getrennt, und es gab für beide Gruppen von Feriengästen einen eigenen Restaurantteil.«

Frenzel zufolge war die Ausbildung im Osten der im Westen weit überlegen. »Ich habe ein Handwerk gelernt, das kann mir keiner nehmen. Wenn mir jemand eine Gans vorlegt, kann ich sie tranchieren.« Michael Frenzel versucht, in seinem Hotel bei der Ausbildung einen Schritt weiter zu gehen. »Wir haben hier eine eigene Trainingsabteilung ausschließlich für die Weiterbildung. Wir zeigen den Auszubildenden zum Beispiel, wie ein frisch geschossenes Reh aussieht und wie man es fachgerecht zerlegt. Wir üben aber auch den eloquenten Umgang mit den Gästen etc. Junge Menschen, die hier gelernt haben, kommen überall gut an, weil sie etwas mehr wissen als andere, darüber, was man tun kann am Tisch und am Gast.«

Vom Kellner zum Direktor eines der besten Hotels in Deutschland – das ist ein langer Weg, den er in relativ kurzer Zeit zurückgelegt hat. »Gleich nach der Wende habe ich den ersten Versuch außerhalb meiner Heimat gemacht und mich in Bayern beworben, das hat aber nicht funktioniert. Da war die Schere im Kopf der Westler wohl noch vorhanden. Anfang der 90er wurde im Westen die billige Arbeitskraft aus dem Osten gesucht. Für die Ostgastronomie wurde es schwierig. Bis zum Tag der Währungsunion waren die Restaurants immer voll und am nächsten Tag kam keiner mehr. Das war schon kurios. Die Leute haben gedacht, sie müssen jetzt sparen und das Geld reicht vielleicht bald nicht mehr.

Mir war klar, die Tage meiner HO-Gaststätte ›Freundschaft‹ sind gezählt.«

Der Osten liegt hinter Michael Frenzel, er ist glücklich darüber, dass Berlin keine geteilte Stadt mehr ist. Die Unterscheidung zwischen Ost und West ist seiner Meinung nach aber noch nicht vom Tisch. »Das dauert noch, bis alle erkennen, es gibt regional gesehen Ost und West, aber wir sind alle Berliner aus Wannsee oder Hellersdorf, wir leben in einer Stadt und ziehen alle an einem Strang. Ein Ende wird es erst haben, wenn die Leute nicht mehr glauben, dass sie aufgrund einer regionalen Herkunft jammern dürfen oder sich für etwas Besseres halten.«

Michael Frenzel erzählt gern, dass er in einer kleinen Stadt in Sachsen aufgewachsen ist, seinen Dialekt hat er sich trotzdem abtrainiert, um in ganz Deutschland als Geschäftsmann ernst genommen und wortwörtlich »verstanden« zu werden. »Jeder, der Initiativen zeigt, sollte die gleichen Chancen bekommen, etwas zu erreichen.« Die will er auch dem Nachwuchs im Hotelgewerbe geben. »Ich nehme auch Bewerber, die beispielsweise sächseln. Dialekt kann durchaus sympathisch sein. Außerdem blicke ich da auf mich selbst: Mir hat jemand die Möglichkeit gegeben, mich in Berlin zu bewähren. Da entscheide ich sicher anders als manche Kollegen. Eine Medaille guckt sich jeder erst mal von der eigenen Seite

Zur Einschulung schickte ihm seine Tante aus dem Westen einen Scout-Schulranzen. Als Einziger musste Michael Frenzel sich nicht mit der herkömmlichen schweren Ledertasche abplagen. Außerdem bekam er von dieser Tante einen Pelikan-Füller. Diese Geschenke waren Segen und Fluch zugleich. Während der Schüler Frenzel wahnsinnig stolz war auf die schicke Schultasche und das Schreibgerät, wurde er deswegen von Lehrern besonders skeptisch beäugt. »Ich bin komplett aus der Rolle gefallen mit diesem Schulranzen, kam ja aus dem Westen.« An den Tag der Einschulung in Plauen denkt Frenzel dennoch gern zurück, nach Festakt und Verteilung der Sitzplätze gab es die »Zuckertüte« von der Familie, die vor dem Klassenzimmer gewartet hatte. Man feierte bei einem gemeinsamen Mittagessen und anschließend Kaffee und Kuchen ein schönes Familienfest.

Foto: privat

an. Wer 1971 in Plauen geboren wurde, ist anders von seiner Umgebung geprägt als jemand aus Kassel, und dementsprechend fällt er dann auch Entscheidungen. Das sind gar keine Vorurteile, nach dem Motto, der Ossi ist faul und will schnell viel Geld verdienen. Das sagen viele heute nur, um zu provozieren, oder die ewig Gestrigen. Dabei handelt es sich einfach um unterschiedliche Erfahrungswerte.«

Michael Frenzel ist stolz auf das, was er erreicht hat. Aber auch auf seine Ausbildung und seine Herkunft blickt er mit Freude zurück. »Meine Vergangenheit bestimmt mich nach wie vor. Ich bin mir auch heute, als Direktor eines Betriebes mit 260 Angestellten, nicht zu schade, einen Teller abzuräumen oder einen Koffer zu tragen. Das gehört für mich zum Gesamtpaket dazu, wenn man Gastgeber aus Leidenschaft ist. In diesem Beruf muss man Enthusiast sein, das ist kein Neun-bis-18-Uhr-Job, an vielen Tagen stehe ich um 5:30 Uhr auf und verlasse das Haus erst gegen 23 Uhr wieder. Entweder man ist ein Gastgeber oder man ist es nicht.«

Während Michael Frenzel als Kind mit seinen Eltern höchstens mal an die Ostsee fuhr, um Ferien zu machen, reist er heute beruflich rund um die Welt. Für seine Eltern ist das mitunter schwer nachvollziehbar. »Mutter ist auf der einen Seite sehr, sehr stolz. Sie sagt: Die Chancen, die du jetzt hast, hatten wir damals in der DDR nicht. Das findet sie wunderbar. Andererseits versteht sie manches nicht. Wenn ich zum Beispiel sage, ich war gerade zwei Wochen dienstlich in der arabischen Welt, dann habe ich einen Bürotag eingelegt, war kurz zu Hause und am Montag reise ich nach Russland und in die Ukraine. Anschließend bin ich drei Wochen in Berlin, bevor es nach Südafrika geht. Dieses viele Reisen versteht sie nicht. ›Man muss doch vor Ort sein‹, sagt sie dann. ›Du kannst deinen Betrieb nicht so lange allein lassen!‹ Sie hat das halt alles ganz anders kennengelernt. Manchmal unterhalten wir uns darüber, was sie gemacht hätte, wenn ihr die Welt offengestanden hätte. Für mich kam die Wende genau zur richtigen Zeit, ich war in einem Alter, in dem man schon selbst bestimmen kann.«

Auch über den Osten und das System der DDR spricht Michael Frenzel mit seinen Eltern. »Bei vielen Menschen ist die Haltung zur DDR von zu Hause geprägt. In manchen Familien wird die Herkunft komplett verschwiegen, das Thema Osten ist tabu. Andere wiederum versuchen ihren Kindern, auch wenn diese erst nach der Wende geboren wurden, alles zu erklären. Für unsere Familie ist es ganz wichtig, was wir erlebt haben, das gibt es ja so nicht mehr. Auch die guten Dinge. Diese Tauschwirtschaft zum Beispiel, Leistung gegen Ware und so. Das war doch super! Darüber muss man sprechen, so etwas darf nicht untergehen. Einfach um zu zeigen, es gab auch andere Lebensformen. Die im Osten haben in ihrem kleinen Mikrokosmos funktioniert. Für mich persönlich ist es ganz wichtig, von meinen Osterfahrungen zu erzählen. Das hat nichts mit Rückwärtsgewandtheit zu tun, nein, man muss auch aufzeigen, wie gut es uns allen heute geht, was wir alles nicht hatten in der DDR. Und zwar nicht nach dem Motto: Das System war trotzdem spitze.«

Manchmal denkt er darüber nach, was wohl geworden wäre, wenn er als Kind und Jugendlicher nicht diese Reglementierungen erlebt hätte, wenn er sein Abitur gemacht und als Lehrer gearbeitet hätte. Ob er heute wohl zu den Ausgepowerten gehören würde, die im Schulsystem untergehen? »Ich habe früh begriffen, dass man sich anstrengen muss, wenn man etwas erreichen will.« Im Osten gab es eine Art Belohnungssystem, wer während der Ausbildung in einem Fach durchgehend auf eins stand, wurde von der Prüfung befreit. »Da habe ich Gas gegeben und von fünf Pflichtprüfungen schließlich nur zwei machen müssen. Ich wollte meine Ausbildung vernünftig abschließen und als Kellner in einem anständigen Restaurant arbeiten. Ein guter Kellner kam mit Trinkgeldern auf ein höheres Monatseinkommen als ein Arzt.« Nach der Wende hat er viel Freizeit geopfert, um sich fortzubilden. Sprachen zum Beispiel wollte er lernen. »Während der Schulzeit war Englisch für mich eine tote Sprache, ich habe ja nie daran geglaubt, auch dahin reisen zu können, wo man diese Sprache braucht.«

Seinen eigenen Ehrgeiz, die Vorstellung von einem besseren Leben, die ihn getrieben hat, versucht der Hoteldirektor an seine jungen Mitarbeiter weiterzugeben. »Die Sattheit ist heute sicher sehr ausgeprägt, es fehlen die Visionen. Das geht schon in der Schule los. Viele sagen: ›Eine Vier ist doch eine gute Note.‹ Nein, das ist keine gute Note. Und dann sagen sie: ›Mit der Vier kriege ich doch auch noch irgendwo einen Ausbildungsplatz.‹ Ja, irgendwo, aber bekommt man mit dieser Note einen tollen Job? Diese Einstellung ist dominant, da muss man dagegenhalten. Junge Menschen empfinden es während der Ausbildung oft als unangenehm, wenn sie zu hören bekommen: Das geht noch besser. Hinterher sagen sie dann: ›Es war schon gut, dass Sie uns angetrieben haben, auch wenn wir es damals nicht verstanden haben.‹«

»Mein Vater war im Gefängnis«
Frank Gardow, Taxifahrer

Mein Vater war im Gefängnis«: Diesen Satz bringt der heute 46-jährige Frank Gardow immer noch nicht leicht über die Lippen. Die Zeit liegt weit zurück. Aber wie man damit umgeht, dass der Vater eine Gefängnisstrafe absitzen musste, wem man dieses Familiengeheimnis anvertraut, dazu hat Frank Gardow bis heute keine Entscheidung für sich treffen können. Und deshalb lieber geschwiegen. Auch wenn ihm inzwischen klar ist, dass man einen solchen Gefängnisaufenthalt seit der Wende mit anderen Augen sieht.

»Mein Vater war gerade mal 17 Jahre alt, als er am 1. Mai 1961 eine DDR-Fahne vom Mast gerissen hat. Jemand hat ihn dabei beobachtet, angezeigt und dann folgten drei Jahre Haft. Darüber rede ich nicht. Mir ist nicht wohl dabei. Ich kann mich noch gut erinnern, wie sehr es mich erschreckt hat, als ich diese Geschichte als Kind gehört habe. Mein Vater war im Gefängnis, wie ein Verbrecher.« Damals, als Widerstand gegen das Regime noch bestraft wurde, als man vorsichtig sein musste, mit wem man über seine Ansichten zur Politik der DDR spricht.

Im Elternhaus wurde gut über den Westen und schlecht über das eigene Land geredet, man hatte »drüben« Verwandtschaft. »Das erste Mal ist mir die Unterscheidung in Ost und West bewusst geworden, als ich ein Westpaket erhielt. Als Kind hat man natürlich gedacht, der Westen ist das allerschönste Land, weil es da so tolle Sachen gibt.«

Nach Ostberlin zu fahren, war für den Jungen ein großes Abenteuer. Auch wenn Frank Gardow nahe der Stadtgrenze zu Berlin aufgewachsen ist, war der Weg nach Berlin eine spannende und sehr lange Fahrt, weil man außen um die Stadt herumfahren und mehrmals umsteigen musste. Heute für ihn als Taxifahrer kaum noch vorstellbar.

»Eigentlich waren es nur materielle Gründe, weshalb ich in

den Westen wollte, nicht, weil ich die Welt sehen wollte. Aber mal in einem Laden eine Jeans kaufen, das wäre es gewesen. Ich habe die Mauer persönlich nicht als Behinderung oder Begrenzung empfunden. Die Westberliner müssen echt darunter gelitten haben, die waren ja nun wirklich eingekesselt. Aber wenn Ostberliner das behauptet haben, dann habe ich das nicht verstanden.«

Im Rückblick bedauert er, dass er sich gegen das Abitur entschieden hat und stattdessen eine Lehre als Nachrichtentechniker begann, ein Beruf, der heute kaum noch gefragt ist. »Als Junge lernte man in unserem Ort ein Handwerk, so war das eben.« Wer sich für einen Bürojob entschied, galt nichts bei den anderen Jungen, Schreibtischarbeit war etwas für Mädchen. »Hätte man gewusst, dass der Westen kommt, hätte man Abitur machen müssen. Da hätte man nach der Wende bessere Chancen gehabt.«

In der DDR zählten vor allem Kontakte. Gardows Mutter arbeitete beim Rat des Kreises im Bereich Örtliche Versorgungswirtschaft, vergleichbar mit der westlichen Kreisverwaltung. Damit war sie zuständig für die Beratung von Unternehmen, auch hinsichtlich der Besetzung von Lehrstellen und freien Posten. Durch seine Mutter erhielt Frank Gardow einen Job in einem Rundfunk- und Fernsehladen, kurz bevor die Wende kam.

»Als nach der Wende die Sicherheit weggebrochen ist, sind etliche gescheitert, man hatte seinen Arbeitsplatz in der DDR ja bis ans Lebensende garantiert. Manche sind aus ihrem Dornröschenschlaf gerissen worden, plötzlich mussten sie mit denen aus dem Westen konkurrieren. Für einige war es ein Schock zu erleben, dass man auch gekündigt werden konnte. Anderen fiel es schwer zu erkennen, dass man sogar im Westen hart für sein Geld arbeiten muss. Die dachten,

Frank Gardow im Kindergarten. Er war stolz darauf, fotografiert zu werden, der Lastwagen war sein Lieblingsspielzeug. Ihn erinnert dieses Bild an eine unbeschwerte Kindheit: »Ich war ein glückliches Kind, trotz Stasi und SED.«

Foto: privat

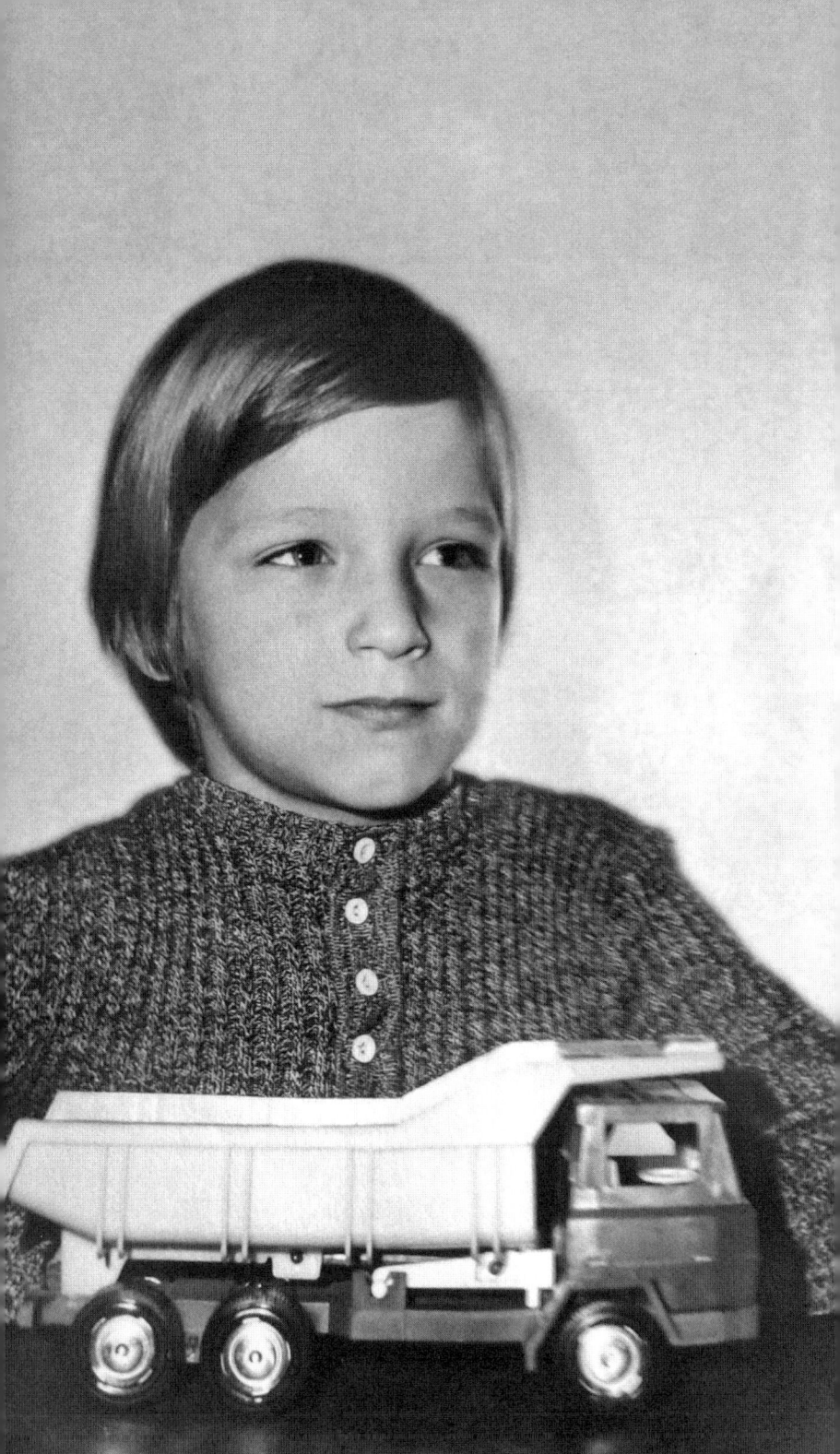

dass einem der Mallorca-Urlaub und der Fernseher nur so zufliegen.«

Die Verwaltungen wurden geschlossen, als Ost und West eins wurden, der Rat des Kreises wurde aufgelöst und Familie Gardow übernahm ein Spielzeuggeschäft, in dem auch der Sohn mitarbeitete.

»Kontakte waren immer wichtig. Gerade zur Wendezeit sind einige auf der Strecke geblieben. Wer vorher an entscheidenden Stellen saß und helfen konnte, war nun nicht mehr da. Zahllose Betriebe wurden zugemacht, Verwaltungen nicht länger benötigt. Die Leute haben zum ersten Mal Arbeitslosigkeit kennengelernt, das war grausam für sie.«

Nach dem Tod der Mutter musste das Geschäft geschlossen werden, weil sich zwei weitere Spielwarengeschäfte angesiedelt hatten, der Laden rentierte sich nicht mehr. Frank Gardow kehrte zurück in seinen alten Beruf und leistete Schichtarbeit in einem Westunternehmen, mit Standort im Osten.

Dort erlebte er keine Schwierigkeiten im Umgang zwischen Ost und West. Das änderte sich erst, als er 1998 in einen großen Betrieb an der Stadtgrenze wechselte. »Heute weiß ich, dass die Zusammenarbeit auch deshalb schwierig war, weil die Westler, die da beschäftigt waren, Angst hatten. Sie wussten, dass wir für weniger Geld eingestellt worden waren, und fürchteten, ihren Job zu verlieren.« Gardow spricht von »Augenwischerei«, wenn er an die Versprechen der Unternehmensleitung denkt, die bei der Einstellung von einer schnellen Anpassung an die Westlöhne redete. Die Fronten zwischen Ost und West liefen quer durchs Haus, in den Pausen saß man nach Herkunft getrennt.

Nach der Schließung seiner Abteilung traf Gardow die Entscheidung, sich als Taxifahrer selbstständig zu machen. »Das hätte ich im Osten sicher nicht geschafft, das ging eigentlich nicht. Heute unterscheide ich nicht mehr zwischen Westen und Osten. Das ist alles Deutschland für mich. Ich lache nur über Leute, die denken, weil sie aus dem Westen kommen, seien sie etwas Besseres.«

Er erinnert sich noch gut an die Wochen nach der Wende, als

die Westdeutschen in seine Kleinstadt kamen, um Grundstücke und Häuser zurückzufordern. In seiner Gemeinde hat es viele Rückübertragungen gegeben. »Da haben die Leute geschimpft über den Westen. Der scheiß Wessi, was will der jetzt hier? Die hatten gleich einen Anwalt dabei, das kannte der Ossi nicht. Später hat sich dann alles wieder beruhigt.«

Vielleicht vergeben, aber nicht vergessen, was damals mit Grundstücken von Freunden und Nachbarn passierte, ebenso wenig wie die Erinnerung an das Leben in der DDR, mit all seinen Vorschriften, Begrenzungen, Strafen. »Ich war zehn Jahre alt, als ich das erste Mal von der Stasi gehört habe. Da hat mein Vater uns seine Geschichte erzählt. Mein Onkel hat immer mächtig damit angegeben, hat sich damit gebrüstet, was sein Bruder Großartiges gemacht hat. Heute versuche ich auch stolz auf ihn zu sein, weil er sich gegen das Regime gewendet hat. Er hat dafür seine Quittung bekommen, und deshalb hat er seinen Standpunkt gegenüber der DDR immer beibehalten.«

Beim Thema Stasi wird Frank Gardow unwohl. Wenn ihn jemand anspricht und ihm allein aufgrund seiner Herkunft den Vorwurf macht, er sei doch sicher auch bei dem »Verein« gewesen, muss er tief Luft holen. Es zerreißt ihn innerlich, weil er seine persönliche Geschichte nicht erzählen möchte, andererseits aber gerne klarstellen würde, was das System denen, die gegen den Staat waren, angetan hat.

Auch in seinem Umkreis hat es Menschen gegeben, die er falsch eingeschätzt hatte. »Ich war mit einem gleichaltrigen Jungen befreundet. Nach der Wende wurde bekannt, dass er als Erwachsener für die Stasi gearbeitet hat. Ausgerechnet der ist gleich nach der Wende in den Westen gegangen, zum Klassenfeind, und die haben ihm Arbeit gegeben. Das ist das krasseste Beispiel, das ich kenne.« Er schüttelt den Kopf darüber, dass jemand bei denen, die er einst als »Feinde« bezeichnete, Unterschlupf gesucht hat. Es macht ihn fassungslos, dass bis heute Parteimitglieder und Stasimitarbeiter nicht offen zu ihrer Vergangenheit stehen.

Tatsächlich ist über das Wirken der Staatssicherheit in seiner Kleinstadt wenig bekannt. Vor zwei Jahren hat sich eine Arbeitsgruppe zusammengefunden, die »hassfrei« recherchieren will, welche Netzwerke es damals gab und wie sie miteinander arbeiteten.

Wenn Frank Gardow heute in der Zeitung liest, dass wieder jemand enttarnt wurde, ist er erleichtert. Froh über jeden Einzelnen, dessen Stasivergangenheit öffentlich gemacht wird. »Die sitzen nach wie vor in der Politik und überall und decken sich gegenseitig. Man weiß ja nicht, ob man die Zugehörigkeit bei allen herausfindet. Ich lebe damit, freue mich aber über jeden, der auffliegt.«

Im Alltag des Taxifahrers spielt das Thema Stasi keine Rolle. Kaum jemand fragt ihn heute noch nach seiner Vergangenheit. Seine Kinder, ein fast erwachsener Sohn und eine Tochter im Teenageralter, erkundigen sich nicht nach der DDR und dem Leben mit der Mauer. Sein Taxiunternehmen läuft gut, er ist zufrieden und glücklich, dass alles so gekommen ist, wie es jetzt ist. Nur wenn die Kinder irgendwann nach Opas Zeit im Gefängnis fragen sollten, dann weiß er noch nicht, wie er darauf reagieren wird.

»Die DDR war für mich das bessere Deutschland«
Martin Fricke (Name geändert), Polizist

In meiner Zeit als Grenzsoldat wollte jemand rüber in den Westen. Abhauen. Ich stand ganz nahe dran, als mein Gruppenführer auf den Mann geschossen hat.« Martin ist seit vielen Jahren Polizist, er hat viel gesehen, auch schreckliche Dinge erlebt, und die Erinnerung an diesen Moment hat sich tief eingeprägt. Er braucht eine ganze Weile, bis er sich gefasst hat.

Damals hat er gemacht, was ihm gesagt wurde. Ohne zu hinterfragen, ohne zu zweifeln. Ob es richtig ist, Menschen mit Gewalt zum Bleiben zu zwingen, wo sie nicht sein wollten, hat er nicht in Zweifel gezogen. Aber dieser Schuss hat ihn noch Jahre verfolgt. Später hat er recherchiert und zu seiner Erleichterung herausgefunden, dass das Opfer von damals überlebt hat. Bis er die Bestätigung hatte, blieb dieses ungute Gefühl, danach belastete ihn der Vorfall weniger stark. Sein Gruppenführer bekam damals eine Auszeichnung und eine Prämie. »Beim nächsten Ausgang hat er ziemlich viel getrunken, wie ein Schlosshund geheult und immer gerufen: ›Warum müssen Menschen auf Menschen schießen?‹ Er musste dann auch keinen Grenzdienst mehr machen.«

In seiner Familie und seinem Freundeskreis hatte Martin niemanden, mit dem er über diese Dinge sprechen konnte. »Es gab einen Befehl, der auszuführen war. Verbunden war damit die Hoffnung, nie in die Situation zu kommen, schießen zu müssen.« Einer seiner Freunde lehnte die Arbeit am Grenzstreifen aus Glaubensgründen ab. »Für mich wäre das nicht möglich gewesen – etwas *nicht* zu machen, was von mir erwartet wurde«, erklärt er. Und ergänzt nach einem kurzen Moment des Innehaltens, dass er *das* alles mit sich selber ausgemacht hat. Immer schon.

»Das« war nicht nur der Dienst an der deutsch-deutschen Grenze. »Das« war auch die Trauer über das Ende der DDR.

Der Verlust, der für ihn damit einherging. Ein Land verschwand, das auch noch aus heutiger Sicht für ihn alles hatte, was man zum Leben braucht.

1954 geboren, verlebte Martin Fricke eine glückliche Kindheit auf dem Land, mit einer Oma, die nachmittags auf ihn aufpasste, einem Garten, in dem er spielen konnte, und gutem Essen. Seine Mutter betrieb ein Lebensmittelgeschäft, einen »Konsum« mit zwei Verkäuferinnen, der Vater war Feuerwehrmann. »Bei uns kam Schweinefilet oder Rinderroulade mit Klößen und Rotkohl auf den Tisch, für mich das Größte, und in der Schule hatte ich klasse Lehrer. Ich habe nichts vermisst.« Was für westliche Ohren aus Erwachsenenperspektive naiv klingt, zaubert dem Polizisten ein verklärtes Lächeln ins Gesicht.

Seine Oma durfte als Rentnerin in den Westen fahren und brachte von dort ›Micky Maus‹-Hefte mit. Er lacht, als er sich das Bild wieder vorstellt, wie die alte Dame die Comics aus der Unterwäsche hervorzog. »Oma war ziemlich beleibt, sie hat die Schmuggelware immer in ihren Schlüpfern transportiert. Einmal sogar eine Zündplättchenpistole, einen silbernen Colt.«

Der kleine Martin träumte von einem Leben als Cowboy. Bis zu der Entscheidung, Polizist zu werden, war es noch ein langer Weg.

In den 60er-Jahren war Polizist kein Traumberuf. Weder im Westen noch im Osten. Die Wirtschaft boomte und ein Bauarbeiter verdiente im Westen das Doppelte von dem, was ein Polizist erhielt. Deshalb warb man im Westen mit einer Geldprämie Nachfolger an. Im Osten versuchte man den Beruf, in dem es wenig Freizeit gab und kein 13. Monatsgehalt, ebenfalls mit Prämien schmackhaft zu machen. Auch wer einen jungen Menschen für die Ausbildung bei der Polizei anwarb, wurde mit Geld belohnt.

Martin Fricke besuchte die polytechnische Oberschule, machte dann eine Berufsausbildung als Werkzeugmacher. »Wir sollten die technische Intelligenz werden.« Mit seinem »eher mittelmäßigen« Abitur hatte er bereits einen Studienplatz

in der Tasche: Mechanisierung der Landwirtschaft. Begeistert war er nicht, da kam ihm die Sichtung der örtlichen Polizeidienststelle während seines Armeediensts gerade recht. »Studienplätze wurden zentral vergeben, man hatte nicht die große Auswahl. Ich hab dann meinen Eltern vorgeschlagen, dass ich zur Polizei gehen und Offizier werden könnte.« Voraussetzung waren der bereits abgeleistete Wehrdienst, ein erlernter Beruf, Gesundheitsprüfung. Danach folgten auf ein Jahr Grundlehrgang und Praktikum noch zwei Jahre Besuch der Offiziersschule. »Das war ein langer Weg, heute wird man nach drei Jahren auf die Menschen losgelassen.«
1976 wurde Martin Fricke Volkspolizist. Ein Jahr, bevor der Westen den »Deutschen Herbst« erlebte. Die RAF ermordete Generalbundesanwalt Siegfried Buback und Bankchef Jürgen Ponto. Mit der Entführung von Arbeitgeberpräsident Hanns Martin Schleyer erhoffte sich die RAF einen Gefangenenaustausch, um den Druck zu erhöhen, kaperten sie die Lufthansa-Maschine »Landshut«. Als Reaktion auf die Stürmung des Flugzeugs durch die Spezialeinheit GSG 9 wurde Schleyer getötet.
Ereignisse, von denen Martin Fricke hörte, die aber sehr weit weg waren. Er beschäftigte sich mit seinem Beruf und seinem Leben in der DDR. Wenn er heute neue Menschen kennenlernt, wird er ab und zu auch nach seiner politischen Vergangenheit im Osten gefragt. Aber die Partei ist ein Thema, über das Martin nicht gerne redet. Sein Vater war Mitglied der SED. Linientreu ohne jeden Zweifel. In der DDR konnte man Wachtmeister sein und niemand fragte nach, aber als Offizier musste man in die Partei eintreten. Für Martin eine Herzenssache. »Das Ende der DDR war für mich eine persönliche Niederlage. Zumindest diese Übernahme durch den Westen. Mit der Volkskammerwahl am 18. März 1990 war mir klar, dass die D-Mark gesiegt hat. Es kursierte ja dieser Witz: Die Vereinigung ist erst beendet, wenn kein Ossi mehr im Grundbuch steht. Da ist was dran.«
Martin ist der DDR bis heute verbunden. Für ihn stand immer fest, dass er in diesem Land alles werden konnte, solange

er sich linientreu verhielt. Er ist dankbar für seine kostenlose Ausbildung, für all das, was für ihn möglich war. Die Staatssicherheit war nach seinem Empfinden eher ein Problem, das der Westen aufbauschte. Er will sich mit dem Thema Staatssicherheit und Spitzelei nicht auseinandersetzen und schiebt das von sich. »Man wusste bei uns, dass es die Stasi gibt, aber im ganz alltäglichen Leben hat sie kaum eine Rolle gespielt.« Er räumt ein, dass man hin und wieder Witze machte und am Telefon den Gesprächspartner schon mal warnte: »Da hört einer mit.« Aber das sei eher im Scherz geschehen. Er kann sich an keine Situation erinnern, in der er oder seine Freunde die Stasi als Bedrohung wahrgenommen hätten. »Als Polizist war es für mich normal, dass es die Staatssicherheit gab. Ich hatte nicht vor, kriminell zu werden oder das Land zu verlassen, warum also hätte ich mich vor denen fürchten sollen?« Dann kam die Wiedervereinigung – die zunächst Unsicherheit mit sich brachte: »Kann ich Polizist bleiben, wenn es unser System nicht mehr gibt?« Für Martin war das Ende der DDR vergleichbar mit dem Verlust eines nahen Angehörigen. Er hatte zwar Veränderungen gespürt, aber nie für möglich gehalten, dass »sein Land« tatsächlich irgendwann einmal aufhören würde zu existieren. Der Schock saß tief. Noch heute braucht er mehrere Anläufe, um zu erzählen, wie er sich 1989 fühlte. »Das hat nicht in meine Hirnwindungen reingepasst.« Zur Zeit der Wende habe er einfach nur funktioniert. Der Gedanke »Ich muss die Familie ernähren«, bestimmte sein Leben. »Ich konnte ja gar nicht richtig trauern, weil ich mich um meine kleinen Kinder kümmern musste. Es gibt vieles, was man im Laufe der Zeit aufarbeiten muss, wenn einem die Heimat genommen wurde. Das ist nun mal so. Nach dem Zweiten Weltkrieg gab es in jeder Familie Heimkehrer, die traumatisiert waren. Das war ein gesamtdeutsches Problem, um das jeder wusste. Die Bewältigung dieser Probleme ist bis heute ein Thema. Warum ist das nicht auch so, wenn es um die Trauer geht, die Menschen aus dem Osten empfinden?«

Das neue Leben findet statt in einem Land, in das Martin

nicht gewollt hatte. In dem ihm kaum jemand half bei der Eingliederung. Stattdessen wurde er mit allem, was er war und was er konnte, Tag für Tag in Frage gestellt. Nicht nur im Beruf, auch im Privatleben war für ihn so manches von einem Tag auf den anderen unberechenbar geworden. »Als ich 1990 die Fußball-WM verfolgt habe, fühlte ich mich nicht zugehörig. Dabei bin ich ein echter Fußballfan, aber die Westdeutschen waren nicht meine Jungs. Die Euphorie hat mir total gefehlt.« All diese Gedanken, seine Ängste und Sorgen hat er mit sich selbst abgemacht, wie schon früher, als Soldat. Dann kam der Burnout mit Klinikaufenthalt. Er beobachtete einen anderen Kranken, der am Kragen seiner Jacke ein DDR-Ehrenzeichen angeheftet hatte. »Erst musste ich lachen und dann habe ich geweint. Damals ist mir bewusst geworden, warum ich mich mit der BRD nicht identifizieren konnte. Ich habe ja all meine Bildung in der DDR erfahren, Abitur, Studium, alles geschah in der DDR.«

War er an einem Tag noch zusammen mit den alten Kollegen im Osten, hieß es am nächsten Tag, sich im Westen bei einer neuen Dienststelle zu melden. Auf einmal musste Martin mit Leuten arbeiten, die ganz anders ausgebildet worden waren als er. Sie waren jetzt seine Kollegen und Vorgesetzten. »Das war nicht lustig, überhaupt nicht. Ich habe nicht mehr an Sex gedacht, nicht ans Essen, bin einfach nur jeden Tag zur Arbeit gegangen und habe weitergemacht, so ist das gewesen.« Über Jahre ging ihm das so, er fühlte sich unwohl. Nach wie vor arbeitete er für den Schutz des Staates und seine Sicherheit, aber nicht mehr für das Land, für das er diesen Beruf einst gewählt hatte. Zwei Mal hat er einen Eid geleistet auf die DDR, einmal bei der Armee, einmal bei der Volkspolizei und dann einen Eid auf die Bundesrepublik Deutschland. Sehr leise nur kann er davon erzählen, große Traurigkeit schwingt mit. Den Boden habe man ihm unter den Füßen weggezogen mit der Wiedervereinigung. Vieles, was ihm vermittelt worden war, was in der DDR als Recht und Ordnung galt, was das tägliche Leben bestimmte, hatte auf einmal keinen Bestand mehr.

Kurz vor der Wende hatte man Mitarbeiter, die bei der Staatssicherheit für kriminalpolizeiliche Ermittlungen zuständig waren, bei der Volkspolizei untergebracht. Damit sollte es ihnen ermöglicht werden, weiterhin als Polizist zu arbeiten. Die Rechnung ging aber nur zum Teil auf.

Um die ehemaligen Mitarbeiter der Staatssicherheit auszusieben, prüfte eine Kommission in Berlin den politischen Hintergrund der Volkspolizisten. Der deutsche Einigungsvertrag sah ein Sonderkündigungsrecht für jene vor, denen eine Tätigkeit für das Ministerium für Staatssicherheit nachgewiesen werden konnte. In Berlin konnten von 9600 überprüften Mitarbeitern 8544 übernommen werden. Die Personalauswahlkommission empfahl 1056 Kündigungen, etwa 2000 ehemalige Volkspolizeiangehörige gingen in den Ruhestand bzw. kündigten selbst.

Im März 1991 musste auch Martin sich vor einem 30-köpfigen Gremium erklären. Gewerkschaftsvertreter, Polizeichefs, Politiker testeten seine Glaubwürdigkeit: »Was war Ihr Aufgabenbereich bei der Volkspolizei, wofür waren Sie zuständig, waren Sie Parteimitglied?«

»Traumatisch war das für mich. Alles, wofür ich gelebt hatte, haben diese Menschen angezweifelt.« Martin muss eine Pause machen. Überlegen. Er setzt mehrfach an, bevor er seine Gedanken in Worte fassen kann. »Ich war früher motiviert

»So ein tolles Bild, all diese Kinder mit ihren Pionierhütchen und -tüchern.« Im September 1974 wurde dieses Bild im VEB Wälzlagerwerk Luckenwalde aufgenommen, als eine Schulklasse ihre Patenbrigade im Betrieb besuchte. Martin hatte als Jüngster in dieser Produktionsbrigade gerade ausgelernt. Derartige Gemeinschaften über Altersgrenzen hinweg sind für ihn heute eine besondere Erinnerung an die DDR. »So eine Art der Beziehung zwischen Kindern und Erwachsenen gibt es nicht mehr. Als wir in der Armee waren, haben uns die Kinder zu Weihnachten Pakete geschickt, wir sind im Gegenzug im Urlaub in die Schulen gegangen und haben von unserem Alltag erzählt.«
In diesem Wälzlagerwerk in Luckenwalde wurde angeblich Ilka Bessin als Köchin ausgebildet – die Frau, die heute als »Cindy aus Marzahn« bekannt ist.

bis in die Fingerspitzen, wir haben im Jahr 200 Überstunden gemacht, die wurden weder bezahlt noch ausgeglichen, das war aber egal. Vielleicht hat das Nachlassen der Euphorie auch mit dem Älterwerden zu tun. Aber dass plötzlich alles in Frage gestellt wurde, was man gelernt und über so lange Zeit gemacht hatte, war sehr verletzend. Für mich jedenfalls. Ich war sehr verletzt.«

Wer die Überprüfung bestand, wurde von der Westpolizei übernommen, den Beamtenstatus konnte man sich verdienen, nach zwei bis drei Jahren Probezeit. Als Martin Beamter auf Lebenszeit wurde, fünf Jahre nach der Wende, begann er, ruhiger zu werden. Erst jetzt wurde es ihm langsam möglich, das neue Leben als einigermaßen gesichert zu betrachten.

Gab es Volkspolizisten, die ihre Stellung ausnutzten? »Nein«, sagt Martin und schüttelt entschieden den Kopf. »Ich hoffe nicht, dass ein Volkspolizist seine Macht ausspielen wollte …« Er hält inne, zögert, überlegt und verbessert sich dann. »Doch, doch das gab es. Aber wenn es rausgekommen ist, wurde derjenige aus dem Dienst entfernt. Das ist ja heute nicht anders, Missbrauch fällt erst auf, wenn sich Vorfälle mit Körperverletzung häufen, dann wird das untersucht.« Martin versteht, dass noch heute so manche ehemaligen DDR-Bürger zusammenzucken, wenn jemand in Uni-

form sie harsch anspricht. Wer gegen das System war, musste mit Schwierigkeiten rechnen. Das ist ihm nicht verborgen geblieben. Dennoch sagt Martin auch heute noch: »Für mich war die DDR das bessere Deutschland.«

Das Bild der Westdeutschen von der DDR ist seiner Ansicht nach geprägt von Überwachung und Gängelung, etwa bei den Grenzkontrollen. »Gänsefleisch«, scherzt er, »den Spruch kennen Sie doch? ›Gänsefleisch mal den Gofforaum öffnen?‹ Die Grenzkontrollen waren eine Schikane für die Westler. Aber auf einem solchen Posten wurde man dermaßen ideologisch heißgemacht, dass man gar keine andere Wahl hatte, als sich entsprechend zu verhalten.« Die Grenzkontrolleure wollten ihren Staat schützen, man hatte ihnen beigebracht, gründlich zu sein, und sie wollten keine Fehler machen, so sieht er das.

»Udo« mussten sich die Kollegen aus dem Osten nach der Wiedervereinigung von einigen Polizisten auf dem Revier nennen lassen: *unser dummer Ossi.* »Udo, hol Brötchen«, »Udo, hefte das mal ab«, »Udo kann den Papierkorb ausleeren«, so ging das damals. Er lacht bei der Erinnerung an diesen Kampf zwischen Ost und West. »Es gab sogar mal eine Schlägerei zwischen Ossis und Wessis auf einem Revier in Köpenick – ›Udo, koch mal einen Kaffee‹, hat ein Westpolizist gesagt, dann gab's eine Prügelei und die Ossis sollen gewonnen haben, darüber stand auch eine kurze Notiz in der Zeitung.« Heute kann er sich über diese Geschichte amüsieren, wird aber sofort wieder ernst, wenn man ihn fragt, ob er denn im Jahr 2014 genauso gerne Polizist ist wie damals im Osten. »Nein, heute ist das anders, wenn ich sage: Ich bin Polizist. Das Berufsethos hat sich verändert. Und meine Motivation.« Er kann allerdings nicht begründen, ob für diesen mentalen Umschwung das Berufsbild ausschlaggebend war, die Gesellschaft oder er selbst. »Ich bin vielleicht«, er verbessert sich, »ich bin wahrscheinlich nie so richtig heimisch geworden in der BRD. Kann schon sein, dass es daran liegt.«

Dabei hat sich Martin schon immer für den Westen interessiert. Er hat die Friedensmärsche verfolgt, Filme von Fassbin-

der gesehen. Wenn ihm ein Film gefiel, war es ihm egal, aus welchem Land er kam. Bei Sportlern zählten für ihn ohnehin nur die Leistungen. Deshalb kannte er auch alle Spieler der Bundesliga. Als 14-Jähriger hat er ehemalige und aktive Fußballbundesligaspieler angeschrieben und um Autogramme gebeten. Fritz Walter antwortete als Einziger. Die Karte hat er heute noch. »Sportliche Ereignisse haben mich immer begeistert, und was da zum Teil passiert ist, hat mich erschreckt.« Im August 1961 verkündeten das westdeutsche NOK-Präsidium und der DSB-Vorstand die sogenannten Düsseldorfer Beschlüsse. Demnach durften DDR-Mannschaften nicht mehr an Sportveranstaltungen im Westen teilnehmen und umgekehrt sollten BRD-Sportler nicht mehr zu DDR-Turnieren reisen. Einen Monat später kam es außerdem zu einem Einreiseverbot für DDR-Sportler in die NATO-Länder, das bis 1964/65 bestand. Das Hissen der DDR-Flagge in der BRD wurde ebenfalls untersagt. »Als die DDR-Sportler das Einreiseverbot erhielten, war ich schockiert. Ich habe noch vor Augen, wie Jahre später, 1969 in Mainz, beim Schauturnen der DDR-Nationalmannschaft die DDR-Fahne abgenommen wurde.« An diese Ereignisse erinnert er sich mit einer Lebendigkeit, als sei es gestern gewesen.
Das große Interesse an Sportwettkämpfen teilte Martin mit seinem Vater, den er als einen ruhigen Mann beschreibt, der sich selten eingemischt hat. Seine Oma war katholisch, nahm den kleinen Martin mit in die Kirche, seine Eltern hatten kirchlich geheiratet. »Aber für mich war das nichts, ich konnte nicht an Gott glauben. Ich stand mehr unter dem Einfluss der Schule und meiner Lehrer.«
Noch heute hat er Kontakt zu ehemaligen Mitschülern und Lehrern. Aber zu seinem Freundeskreis gehören auch Wessis. »Viele ehemalige Vopos sagen, die Zeit im Osten war scheiße, aber die vergangenen fast 25 Jahre im Westen waren toll. Andere denken so wie ich. Die Älteren. Je nachdem, wie jemand gefördert und gefordert wurde. Einige ältere Ossis haben es sogar zum Kommissariatsleiter geschafft.« Er schmunzelt und setzt nach: »Gute Arbeit wird dabei eine Rolle gespielt

haben, aber von einem weiß ich, dass er CDU-Mitglied geworden ist. Der hat sich wie im Osten angepasst.«

Das Thema Ost und West spielt für Martin heute eine ganz andere Rolle als noch 1990. Früher wurde diskutiert, auch mal erklärt, gestritten und dann vertrug man sich wieder. Der eine sagte dies, der andere meinte jenes und irgendwo dazwischen wurde man sich einig. »Bei dem Stichwort Kommunismus gehen bei den Wessis sofort die Klappen runter: Sie denken an Gewaltherrschaft und staatliche Willkür. Ich sehe da etwas ganz anderes: Für mich ist Kommunismus, dass es nach einer langen Zeit der Ungleichheit der Menschheit mal besser geht. Das Wort hat für mich keinen negativen Beigeschmack.«

Gesprächen über Kommunismus geht Martin heute aus dem Weg, weil er mit seiner Meinung oft aneckt. Auch im Job diskutiert der Polizist nicht mehr, sondern schimpft still vor sich hin, wenn ein Westkollege einen Fehler gemacht hat. Dann denkt er sich: Macht ihr euer Ding, ich mach meins. »Früher wollte ich mich einbringen, ich war sehr motiviert, aber das hat nicht so geklappt.«

Er wollte sich nie anpassen. Es hat sich so ergeben, stellt er heute fest. Er gehört einfach dazu. Er beneidet seine Eltern, die zur Wendezeit in Rente gingen und sich über vieles keine Gedanken mehr machen mussten. Er klingt, als könne er es selbst kaum glauben, als er feststellt: »Ich bin jetzt viel länger im Westen Polizist, als ich es im Osten war. Aber ich vermisse den Osten immer noch.«

»Wenn jemand der DDR keine Träne nachweint, dann bin ich das«

Thomas Nicolai, Kabarettist und Schauspieler

Er wohnt in einem eher unauffälligen Berliner Bezirk, gepflegte Mehrfamilienhäuser, begrünte Vorgärten, dicht belaubte Bäume am Straßenrand. Keine hippen Coffeeshops oder jugendlichen Trendsetter mit schlumpfartigen Wollmützen, stattdessen sieht man ältere Damen mit Einkaufstaschen und Schulkinder auf den Wegen.

Thomas Nicolai lebt hier mit seiner Frau und seinem Kind, die Wohnung ist gemütlich mit viel hellem Holz eingerichtet, Polstermöbeln in Erdtönen und bunten Bildern an den Wänden. Zu Beginn unseres Gesprächs stellt er fest, dass er genau der richtige Gesprächspartner für dieses Buch ist. »Denn wenn es jemanden gibt, der der DDR keine Träne nachweint, dann bin ich das!« Der Schauspieler, der vor allem durch seine Comedy-Figuren Patrick Schleifer und ›Der blonde Emil‹ bekannt wurde, ist in Leipzig in einer Familie aufgewachsen, in der es sehr unterschiedliche Haltungen zu diesem Land gab. Seine Mutter hasste die Selbstverständlichkeit, mit der Frauen einen Job antreten mussten, gleichzeitig aber auch für Haushalt und Kinder zuständig waren. »Meine Mutter erlebte den täglichen Kampf um die Lebensmittel und sah das System aus einer ganz anderen Perspektive als mein Vater, der sich an den gedeckten Tisch setzte, wenn er von der Arbeit kam. Mein Vater war von der Idee des Sozialismus total überzeugt.« In der Familie wurde Nicolais Vater heimlich »der rote Harry« genannt, von den anderen, die die DDR als »Scheißstaat« titulierten.

Heute kann er die Angst seines Vaters vor den Mächtigen nachvollziehen. Er weiß auch, dass sein Vater, der Jazzmusiker, niemals geflohen wäre, aus Angst vor möglicher Arbeitslosigkeit im Westen. Aber die Staatstreue seines Vaters verkehrte sich Anfang der Achtzigerjahre ins Gegenteil, als dessen Mutter, die in Köln lebte, im Sterben lag. »Die Behörden haben ihn einfach nicht zu ihr fahren lassen. Ohne Angabe von Gründen. Nach dem Motto: Ist uns so was von egal, ob Ihre Mutter stirbt. Da denkt man doch: Ich habe immer alles gemacht, was die wollten, warum lassen sie mich nicht fahren? Damals hat mein Vater die Welt nicht mehr verstanden.« Bei der Erinnerung an diese Willkür fällt Nicolai in sächsischen Dialekt. »Wir sünt nüscht farrpflichtet, Ihnen Angaben darüber zu machen, worum wir Sie jetzt nüscht fohren lassen.«

Er holt Luft, um sich auf Dinge zu konzentrieren, die man aus der Distanz mit Humor betrachten kann. Etwa die Versuche der Regierung, Versorgungsengpässe zu beschönigen, indem beispielsweise Weißkohl als besonders gesund propagiert wurde.

Thomas Nicolai empfindet es als Luxus, dass man sich dafür entscheiden kann, Vegetarier zu werden. Dass man sich aussuchen kann, wie man sich ernährt, weil man alle Lebensmittel nahezu überall kaufen kann. Aber nicht allein die Lebensmittelengpässe sind ihm aus seiner Kindheit in Erinnerung geblieben. »Es gibt dieses Lied von Konstantin Wecker: ›Es ist schon in Ordnung, dass jemand regiert‹. Das handelt von Anarchie, im Sinne von: Steh auf und mach was, duck dich nicht. Dieses Lied haben wir gehört und dabei war uns allen klar, das hat überhaupt keinen Sinn: Du kannst hier nichts verändern. Und zweitens, wenn einer aus der Familie etwas macht, dann sind alle dran, Sippenhaft.«

Thomas Nicolai absolvierte eine Lehre zum Konditor, leistete seinen Dienst bei der NVA, hatte aber immer den Wunsch, auf der Bühne zu stehen und Filme zu drehen. »Nachdem ich Konditor war, habe ich mich an der Schauspielschule beworben. Ich bin drei Mal durchgerasselt im Bewerbungsverfahren. Das ist für das Ego auch nicht so prima. Beim ersten Mal sagte der Dozent zu mir: ›Herr Nicolai, das war gar nichts, das war überhaupt nichts, was machen Sie noch mal beruflich?‹ ›Konditor.‹ ›Ja, dann machen Sie doch das!‹ Super Vorschlag.«

Thomas Nicolai muss bei der Erinnerung an diese Szene sehr

lachen und gibt sie mit verstellten Stimmen, wie ein Hörspiel, wieder. »In manchen Momenten habe ich mich gefragt, warum ich mir das antue, noch mal zu studieren? Du kannst doch jeden Tag arbeiten gehen, kriegst deine Kohle, hast deine Ruhe. Aber dann habe ich mir gedacht: Nee!«

Als er schließlich einen Studienplatz an der Hochschule für Schauspielkunst ›Ernst Busch‹ in Berlin bekam, erlebte er unter den Studierenden einen sehr offenen Umgang mit den Problemen der DDR und den eigenen Wünschen. Mit den Dozenten wurde über das ›Literarische Quartett‹ diskutiert, das man im Westfernsehen verfolgte, und über Filme, die man gesehen hatte. In Berlin wurde Thomas Nicolai noch stärker bewusst, dass die DDR niemals sein Land werden würde. Den Traum, Schauspieler zu werden, verfolgte er leidenschaftlich, auch wenn sich die renommierten Künstler der DDR seiner Meinung nach für das System haben instrumentalisieren lassen. »Das habe ich, ehrlich gesagt, nicht so richtig verstanden. Ulrich Mühe zum Beispiel, der an der Schauspielschule unterrichtete und den wir alle vergöttert haben, war auch in der SED.« Ihm ist klar, dass viele an die Idee des Sozialismus wirklich geglaubt haben. Er weiß, dass diese Menschen in die Partei eingetreten sind, weil sie darauf hofften, etwas zum Besseren verändern zu können. Thomas Nicolai erinnert sich aber auch an den Frust, mit dem Freunde und Kommilitonen von Parteiversammlungen berichteten. »Letztendlich ging es ja auch da, wie in jeder kleinbürgerlichen Gesellschaft, nur darum, die Pöstchen zu verteilen und zu verteidigen, alles zu deckeln und die Mittelmäßigkeit und die Kleinbürgerlichkeit zu bewahren.«

Thomas Nicolai hat das Leben ohne Mauer vom ersten Moment an in vollen Zügen genossen. Bereits am Abend der Grenzöffnung hat er sich am Kurfürstendamm umgesehen, mit fremden Menschen Bier getrunken, Handpizza probiert und einen wohligen Schauer gespürt, als er vor der Gedächtniskirche stand, die er nur von Ansichtskarten kannte. Mit weichen Knien versuchte er zu fassen, dass er zum ersten Mal in seinem Leben tatsächlich im Westen war. Für ihn war das Leben nach der Wende ein großes Abenteuer. Das gegenseitige Beäugen der Studenten aus Ost und West, der Austausch über die Arbeit an der Schaubühne im Westen und das Studieren an der Universität der Künste hat er als sehr spannend in Erinnerung.

»Manchmal war ich entsetzt, wie schlecht das Theater in Westberlin war, im Gegensatz zu dem phantastischen Theater in Ostberlin. Aber alles andere … Ich kannte kein Döner Kebab, hatte noch nie indisch gegessen, hatte weder so eine Musik gehört wie die, die auf den Straßen gespielt wurde, noch hatte ich solche Clubs erlebt, in denen man alles bestellen konnte, also für mich war das toll. Das hat alle Erwartungen überstiegen.

Zwei Tage nach der Maueröffnung stand ich in einem Plattenladen mit 50 D-Mark, die ich von einem Onkel aus Westberlin bekommen hatte. Ich hatte so circa 20 Platten im Arm, zum Teil waren sie reduziert, zum Teil waren es Scheiben, die ich als großer Musikfan schon immer haben wollte. Neben mir auch nur Leute mit mindestens 20 Platten. Das war das alte DDR-Hamsterdenken. Und je näher ich der Kasse kam, umso stärker wurde der Gedanke: Die Platte gibt's auch morgen noch und übermorgen und nächsten Monat auch noch. Letztendlich habe ich dann nur eine gekauft.« Diese Gier erklärt Nicolai mit dem permanenten Mangel im Osten. Der unter anderem dazu führte, dass man sich in der DDR in einer Schlange am Plattenladen einfach einreihte – ohne zu wissen, was verkauft wurde. »Wenn du Glück hattest, gab es ›Dark Side of the Moon‹ von Pink Floyd, wenn du Pech hattest, von Vicky Leandros ›Meine großen Erfolge‹. Das Gute an der Vicky-Leandros-Platte war, du konntest sie für 16,10 Mark kaufen, Platten kosteten ja immer 16,10 Mark, und sie dann für viel Geld verschachern oder tauschen. Wenn man einen Handwerker brauchte, konnte man beispielsweise sagen: ›Ich habe hier für Ihre Frau eine LP.‹ Von diesem Hamsterdenken hat die Wirtschaft der Bundesrepublik noch zehn Jahre profitiert, all diese Schnäppchenläden mit dem ganzen Rotz, die haben super an den Ossis verdient.«

Als Student lebte Thomas Nicolai in einer Einraumwohnung mit Bett und Schrank und Bücherregal. Dass man im Osten wie im Westen arbeiten und Geld verdienen muss, wenn man sich etwas leisten will, war ihm bewusst. »Aber der kleene Ossi dachte sich: Hawaii, New York, Whisky, Weiber, Cha cha cha. Mir war klar, jetzt ist das alles in Reichweite, aber dazu muss man erst die Kohle verdienen.« Für ihn hat Freiheit auch etwas mit Entscheidungen zu tun: Mit der Entscheidung zu sparen, mit der Entscheidung, was man lernen will und in welchem Job man arbeiten möchte, ohne dass jemand diese Entschlüsse abnicken muss.

Seit fast 20 Jahren ist Thomas Nicolai inzwischen auf den Kleinkunstbühnen unterwegs mit seiner, wie er es nennt, »End-of-Illusion-Tour«. Seine Kunstfigur Patrick Schleifer spricht Sächsisch, und er hat ein Wörterbuch geschrieben, in dem er diesen Dialekt als sexy bezeichnet. »Ungerechterweise wird der sächselnde Mensch überall gedisst, er ist unbeliebt. Dabei sprechen 20 bis 30 Prozent aller deutschen und österreichischen Schauspieler Dialekt. Ob das nun ein Klaus Maria Brandauer ist oder ein Harald Juhnke war. Gert Fröbe ist wohl das berühmteste Beispiel eines sächsischen Schauspielers. Bei niemandem ist der Dialekt ein Problem, außer bei den Sachsen. Das hat mit der DDR zu tun, man muss immer an Walter Ulbricht und Erich Honecker denken, obwohl der Saarländer war. Das Sächsische steht für die Diktatur.« In Berlin hat Nicolai sich das Sächseln und den heimatlichen Singsang mit harter Arbeit abgewöhnt, mit Hilfe von Musik und den Satzmelodien. Wie beim Anti-Stottertraining hat er sich das Auf und Ab der Worte eingeprägt.

Als Sachse erkannt zu werden, war für ihn allerdings nicht der Grund, sich den Dialekt abzutrainieren. Er wollte als Künstler hochdeutsche Programme machen, die von allen verstanden werden. Er hat nie versucht zu verbergen, dass er aus dem Osten stammt, aber auch nie damit kokettiert. »Ich komme eben daher. Und mit diesen Wurzeln kann man als Komiker ganz gut arbeiten. Gerade, wenn man sich eine Kunstfigur wie Patrick Schleifer ausdenkt, jemanden, der einen in sich geschlossenen Kosmos verkörpert. Die Worte, die Begrifflichkeit, das Kleinbürgerliche der DDR, das ist alles in diese Figur eingeflossen.«

In Gesprächen mit Zuschauern ist seine Herkunft selten ein Thema. Kaum jemand fragt ihn nach seiner Heimatstadt Leipzig oder merkt an, wie schön die Stadt geworden ist. Und wenn sich doch mal ein Wessi erkundigt, ob er aus Sachsen kommt, geschieht das aus Neugier. »Ich werde damit weder auf- noch abgewertet, die Leute wollen einfach nur eine Bestätigung, dass sie den Dialekt erkannt haben. Mir persönlich ist es piepegal, ob einer homosexuell ist oder aus Afrika kommt. Er ist dadurch kein besserer oder schlechterer Mensch. Aber wenn ich mich mit Ossis über den Westen unterhalte, ist die Herkunft immer ein Thema. Immer, immer, immer. Und ich weiß nicht, warum das so ist.«

Was Thomas Nicolai ebenfalls nicht versteht, ist, warum er zu 99 Prozent auf westdeutschen Bühnen spielt. Immer wieder hat er nach Gründen geforscht, hat in Gesprächen ver-

1956 wurde die Nationale Volksarmee, kurz NVA, der DDR gegründet. Das allgemeine Wehrpflichtgesetz von 1962 schrieb einen Grundwehrdienst von 18 Monaten vor, der zwischen dem 18. und 26. Lebensjahr abzuleisten war. Ausnahmen gab es kaum. Thomas Nicolai wurde als 21-Jähriger eingezogen. 1985 wurde er bei einer riesigen »Show« auf dem Marktplatz von Weißenfels vereidigt. »Wie im alten Preußen war das«, sagt er.

Die NVA-Uniformen waren steingrau, um sich von der Bundeswehr abzuheben. Thomas Nicolai wurde von seinen Eltern als Pazifist erzogen. »Ich habe die NVA gehasst, diese dummen Offiziere. Und ich wusste an diesem Tag, das ist nicht für ein Wochenende oder vier Wochen, das dauert 18 Monate!« Dieses Bild steht für ihn für seinen Zorn auf das System, für seine Auflehnung gegen den Staat und Nichtanpassung an Richtlinien. Aufgenommen hat es im November 1985 sein Vater bei seiner Vereidigung. »Ich stand da zwischen achtzig oder hundert Leuten, mein Vater rief ›Thomas, Thomas‹, ich habe mich umgedreht und er hat alles eingefangen, was ich in diesem Moment gefühlt habe. Mein Blick ist nicht gespielt. Ich war am Boden zerstört. Es ging mir wirklich richtig schlecht.« Die Zeit bei der NVA bezeichnet Thomas Nicolai als »die schlimmste meines Lebens«.

Foto: privat

sucht, eine Erklärung zu finden. Vergeblich. Natürlich gibt es im Westen viel mehr Kleinkunstbühnen als in den sogenannten neuen Bundesländern, außerdem vermutet Nicolai – »das klingt jetzt gemein«, dass der Ossi gerne unter sich ist. »Der guckt im Fernsehen lieber eine Wiederholung von alten DDR-Unterhaltungssendungen. Da kommen dann die ganzen Oststars noch mal, Karat und Frank Schöbel zum Beispiel. Wenn sie überhaupt ins Theater gehen, dann am liebsten zu Wolfgang Stumph und Uwe Steimle oder vielleicht zu den neuen Stars aus dem Osten wie Olaf Schubert und ›Zärtlichkeiten mit Freunden‹, die lässt man auch noch gelten.« Viele seiner Kollegen aus dem Osten finden diese Einstellung in Ordnung. Für Nicolai ist das Starrsinn, er versteht nicht, warum man den Blick auch auf der Bühne in die Vergangenheit richtet. »Das klingt für mich nach: ›Wir kuscheln uns in unsere Ostrocknächte und in unsere Ostalgie und kaufen Club-Cola, weil die besser schmeckt als die West-Cola.‹ Nostalgie finde ich okay, das ist normal. Aber wenn man Nostal-

gie zur Philosophie erhebt, den Osten verklärt und eine Ostalgie daraus macht, dabei die Gegenwart nicht mehr zulässt, sondern ablehnt, dann geht das zu weit. Wenn ein Künstler, der die Welt widerspiegeln soll, egal ob als Unterhaltungskünstler wie ich oder als Bildhauer oder Dichter, sich der Gegenwart verweigert, kann man nur sagen: Dann hau doch ab, irgendwohin, wo es dir besser gefällt, dann bist du hier komplett falsch.«

Bei seinen Auftritten vermisst Thomas Nicolai das junge Publikum: »Ich spiele im Durchschnitt vor 50-, 60-, 70-Jährigen, schaue sozusagen in ›Baumwollfelder‹. 95 Prozent der heute erfolgreichen deutschen Komiker, die auch eigene Fernsehshows haben, stammen aus dem Westen. Und das hat nichts damit zu tun, dass das böse Privatfernsehen Ossis nicht mag. Sondern das liegt daran, dass die Ossis sich selber ausgrenzen und sagen: Wir machen diesen RTL-Mist nicht mit, wir haben es nicht nötig, bei denen aufzutreten.«

Doch bei aller Kritik liebt Thomas Nicolai seinen Beruf. Er genießt, dass niemand ihm vorschreibt, was er tun und was er lassen soll, über wen er sich in seinen Comedy-Programmen lustig machen darf und was er lieber aussparen soll. Er wundert sich, dass manche Menschen aus dem Osten sich mit der Wende und der neuen Lebenssituation so schwer getan haben. »Viele Ossis haben sich zwar gefreut, dass die Mauer weg war und es Videorekorder und Westgeld gab und man nach Paris reisen konnte, aber die Freiheit ist auch eine unglaubliche Belastung, und es ist anstrengend, sich immer entscheiden zu müssen. Früher ging man los und kaufte ein Stück Butter und ein Brot. Heute muss man erst mal überlegen, was für eine Sorte Brot? Täglich, minütlich muss man Entscheidungen treffen. Auch politisch. Welche Partei soll man wählen? Die Leute wollen die Freiheit haben, aber im Grunde am liebsten auch die DDR zurück. Doch um die Freiheit muss man kämpfen und beweglich bleiben im Kopf, um sie genießen zu können. Man muss offen sein, neugierig, und ich kenne viele Menschen, auf die das Gegenteil zutrifft.«

»Ost und West müssen sich endlich vorurteilsfrei begegnen«

Hans Joachim Maaz, Psychotherapeut

Hans Joachim Maaz, von 1980 bis 2008 Chefarzt der psychotherapeutischen Klinik im evangelischen Diakoniewerk Halle, war nach der Wende ein gern gesehener Gast in westdeutschen Talkshows. Hatte er doch in seinem 1990 erschienenen Buch ›Der Gefühlsstau – ein Psychogramm der DDR‹ gleich ein ganzes Volk auf seine Couch gelegt. Wegen seiner pauschalen und radikalen Urteile über das Wesen der DDR-Bürger wurde er von seinen Landsleuten damals als »Nestbeschmutzer« beschimpft. 2010 gab es eine Neuauflage des ›Gefühlsstaus‹ – diesmal mit dem Untertitel ›Psychogramm einer Gesellschaft‹, in der auch die westdeutsche Gesellschaft kritisch betrachtet wird. Das hat er in seinem letzten Buch ›Die narzisstische Gesellschaft‹ wieder getan. Auch heute steht der 70-Jährige aber zu seinen Analysen von 1990. »Es trafen damals zwei nahezu polare Sozialisationen aufeinander. Der Ostler, der gelernt hatte, sich einzufügen und unterzuordnen, und der Westler, der auf Erfolg getrimmt war. Also zum einen die Haltung: Wir müssen uns anpassen, und zum anderen die Überzeugung, alles besser zu wissen.« Seiner Ansicht nach war es unausweichlich, dass sich aus dieser Konstellation Probleme ergaben.

Dass es vielen Menschen aus dem Osten heute nicht gut geht, dass sie sich missverstanden und unglücklich fühlen, findet er nachvollziehbar. »In der DDR konnte man gut bis sehr gut leben, wenn man Freunde und eine Familie hatte, man ist im Umgang miteinander viel offener und ehrlicher gewesen, an äußerer Fassade war man nicht so sehr interessiert. Man besprach miteinander Probleme, es ging aber meistens nicht um Reisen oder ein neues Auto.« Maaz beklagt die fehlende Trauerarbeit der Menschen aus dem Osten. Trauerarbeit nicht in Bezug auf den Verlust des

Systems der DDR, sondern den der individuellen Erfahrungen. »Wir haben unsere Schulbildung in der DDR erhalten, sind dort ausgebildet worden, hatten Freunde, haben uns verliebt und vielleicht dort unsere Kinder bekommen, das alles kann man doch nicht einfach vergessen. Das hat uns geprägt und hat nicht vordergründig mit den politischen Verhältnissen zu tun.«

Der Ostler würde in Bezug auf seine Traurigkeit über den Verlust der DDR oft missverstanden, erklärt Maaz. Das sei vor allem ein Problem für diejenigen, die bei der Wende zwischen 20 und 40 Jahre alt waren. Bei diesen Menschen habe eine Auseinandersetzung mit dem Verlust wenig bis gar nicht stattgefunden, weil sie viel zu sehr mit dem neuen Leben beschäftigt waren. »Die hatten einen neuen Job, sind vielleicht umgezogen, waren erfolgreich, warum sollten sie sich mit der Vergangenheit beschäftigen? Aber die frühkindliche Prägung bleibt und es besteht die Gefahr, dass das neu erworbene Verhalten, sich gut verkaufen zu können und clever zu sein, das sich nicht mit der Ostsozialisation verträgt, irgendwann Schiffbruch erleidet. Vor allem, wenn der neue Erfolg langfristig nicht hält, kann das zu Unzufriedenheit oder sogar Depressionen führen.«

Die im Osten anerzogenen Tugenden von Disziplin und Ordnung wertet Maaz nicht durchweg positiv. »Man muss da sehr genau unterscheiden. Sind diese Eigenschaften notwendig für den Erfolg im Beruf oder sind sie so fest im Charakter verankert, dass man gar nicht anders kann? Man muss auch mal gelassen und bequem sein dürfen. Im Osten war alles auf Unterwerfung und Kollektivanpassung ausgelegt. Das ist nicht gut.«

In seiner Tätigkeit als Psychotherapeut hat er noch ein anderes Phänomen festgestellt. Viele Menschen, die die DDR verlassen haben, die geflohen oder ausgereist sind, gingen in dem Glauben, dass ihre Unzufriedenheit allein mit dem System zusammenhänge. In der festen Überzeugung, in diesem Land nicht mehr leben zu können, ließen sie vielleicht sogar ihre Kinder zurück und riskierten Strafen und Nachteile für Freunde und Angehörige. »Das bleibt bis heute unfassbar. Diese Menschen haben sich später oft eingestehen müssen, dass es nicht nur am System lag, sondern dass sie auch vor persönlichen Problemen geflohen sind.« Er hat unzählige Gespräche als Psychotherapeut geführt, in denen er versucht hat zu ergründen, warum sich ehemalige »Republikflüchtlinge« heute noch mit einem schlechten Gewissen plagen. Den Hintergrund für diese Probleme erklärt er mit dem Fremdbetreuungssystem der DDR, viele Kinder wurden schon von klein auf in Krippen und Kindergärten untergebracht. Die elterliche Zuneigung kam wegen der vielen Stunden außer Haus, ohne Mutti und Vati, oft zu kurz. »Deshalb bin ich besonders erschrocken, dass die Diskussion über die Fremdbetreuung heute in ganz Deutschland geführt wird, weil wir doch aus den DDR-Erfahrungen wissen, wie nachteilig sich das auswirkt.«

Maaz stellt fest, dass es in den vergangenen Jahren bei vielen wieder einen Wandel hin zu mehr Privatleben gibt. Im Osten seien, auch aus dem Mangel heraus, Freundschaft und sozialer Zusammenhalt ein hohes Gut gewesen. Die äußerlich wichtigen Dinge, die ihm zufolge vor allem im Westen eine Rolle spielen, treten für die ältere Generation aus dem Osten wieder mehr in den Hintergrund. »Das Leben in der DDR war von Gleichförmigkeit geprägt, Veränderungen machten Angst. Nach der Wende waren die DDR-Bürger sehr auf materielle Dinge ausgerichtet, inzwischen bemerke ich, dass der Verlust von Beziehungen, von Freundschaften zunehmend leidvoll wahrgenommen wird.«

Diese Beziehungen schließen für ihn auch die Kontakte mit Westlern ein. Er hätte sich schon 1989 mehr Interesse der Westdeutschen am Leben im Osten gewünscht. Gespräche ohne gegenseitige Vorurteile. »Ich schäme mich noch heute, dass ich das Begrüßungsgeld angenommen habe. Aber Westgeld war damals eben fast das Einzige, was zählte. Als ob man mit dem Geld seelische Defizite ausgleichen könnte. Geredet haben die Leute selten miteinander. Aber es wäre doch wichtig gewesen, dass mal einer kommt und fragt, was gut war im

Osten, und außerdem ehrlich darüber gesprochen hätte, welche Probleme es im Westen gab.«

Im beruflichen Umfeld hat Maaz diese deutsch-deutschen Zwiegespräche erlebt. Begegnungen ohne pauschalisierende Urteile über Ost und West, bei denen nach einigen Stunden inhaltlich nicht mehr zu unterscheiden war, aus welchem Bundesland die Gesprächspartner kamen. »Wenn die Menschen sich länger unterhalten haben, wurden die Unterschiede immer kleiner und die Gemeinsamkeiten größer. Solche Gespräche aber haben vielen Menschen gefehlt.«

Bis heute hat sich an diesem Problem kaum etwas geändert, bedauert er. Bei Begegnungen zwischen Menschen aus Ost und West erlebt er immer wieder gegenseitige Vorurteile. »Dabei wäre es doch allerhöchste Zeit, dass wir uns zusammentun und über die gegenwärtigen Probleme reden. Ressourcenverschwendung, Umweltschäden, soziale Ungerechtigkeiten, das sind unsere gemeinsamen Probleme, da müssen wir überlegen, welche Lebensform wir alle für die Zukunft wollen. Der Osten muss von den Schwierigkeiten des Westens erfahren und der Westen auch die positiven Seiten des Ostens akzeptieren!«

Danke

Ich weiß, viele lesen inzwischen die Danksagungen, bevor sie sich dem Buch widmen. Daher zunächst ein herzliches Dankeschön an alle, die ›Der Osten ist ein Gefühl‹ gekauft haben. Meinem lieben Kollegen Knut Elstermann (der übrigens auch tolle Bücher geschrieben hat) möchte ich dafür danken, dass er mich auf die Idee gebracht hat, mal nachzufragen, was eigentlich in den Menschen vorgeht, die aus der DDR stammen. Ohne ihn würde es dieses Buch nicht geben.

Mein besonderer Dank gilt den Gesprächspartnern, die ich in den vergangenen Monaten getroffen habe. Ich fühle mich geehrt, dass ich so viel Privates erfahren durfte. Die besondere Offenheit aller, die Zeit, die sie mir und meinen Fragen gewidmet haben, betrachte ich als großes Geschenk.

Barbara Wenner, meine Agentin, hatte die Idee zu dem einzigartigen Titel ›Der Osten ist ein Gefühl‹, der auf den Punkt bringt, was mir bei meinen Geschichten wichtig ist. Danke!

Meine Lektorin bei dtv, Katharina Festner, hätte ich gerne schon viel früher getroffen. Mit welcher Behutsamkeit und Ruhe, mit welcher Achtung vor meinen Texten sie vorgegangen ist, hat mich sehr beeindruckt. Ein großes Danke auch an Rosemarie Mailänder für ihre Arbeit im Endspurt. Im Verlag danke ich außerdem Christine Püffel und Diana Hasenpflug, die schon vor Erscheinen ganz viel für dieses Buch getan haben.

Danke an die Kolleginnen und Kollegen bei radioeins, die in der langen Zeit des Entstehens immer wieder neue Ideen hatten und mir mögliche Gesprächspartner nannten, die Resonanzboden und Hilfe bei mir unerklärlichen Phänomenen der DDR waren. Besonders erwähnen möchte ich Gertraud Gruner, Regina Schmoi, Peter Auerbach und Andreas Ulrich (ja, alle Ossis).

Wie immer gilt mein spezieller Dank ganz speziellen Menschen in meinem Leben:

meiner Freundin Beate, die immer die Erste ist, die liest und kommentiert,

meinem Mann, der mein größter Kritiker, aber auch bester Mutmacher ist,

meinem Sohn, der nie basteln will und mich stattdessen schreiben lässt.